제대로
영작문

3

실력

장재영

유명 어학원과 영어학원에서 강의하면서 강사, 부원장, 원장을 역임.
(전) 리딩스타어학원 디렉터
(전) 청담어학원 원장
(전) 아발론교육 원장
(전) 고려대학교 국제어학원 영어교육프로그램 EiE 원장
(현) 슬기로운 영어학원 원장
특목고, 대학교 진로 진학 컨설팅

저서 『쓰담쓰담 내신영문법』 시리즈
『시험에 강한 중학영문법』 시리즈

제대로 영작문 ❸ 실력

지은이 장재영
펴낸이 정규도
펴낸곳 ㈜다락원

초판 1쇄 발행 2018년 1월 2일
개정판 2쇄 발행 2024년 6월 27일

편집 김민아, 홍인표
디자인 구수정, 황수영
영문 감수 Mark Holden
일러스트 윤미선

🖎**다락원** 경기도 파주시 문발로 211
내용 문의 (02)736-2031 내선 504
구입 문의 (02)736-2031 내선 250~252
Fax (02)732-2037
출판 등록 1977년 9월 16일 제406-2008-000007호
Copyright © 2024 장재영

ISBN 978-89-277-8074-8 54740
      978-89-277-8071-7 54740 (set)

www.darakwon.co.kr
다락원 홈페이지를 방문하시면 상세한 출판정보와 함께 동영상강좌,
MP3 자료 등 다양한 어학 정보를 얻으실 수 있습니다.

제대로 영작문

3

실력

DARAKWON

구성과 특징

서술형·수행평가 만점을 만드는
제대로 영작문 · 3

체계적인 단계별 영작 트레이닝

문법 설명 → Simple Test → Practice Test → Actual Test

Final Test ← Ready for Exams ← Review Test ↵

How to Study

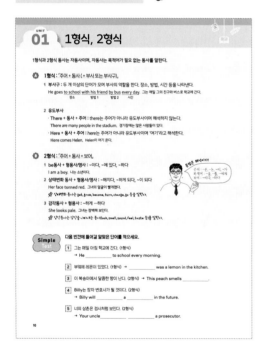

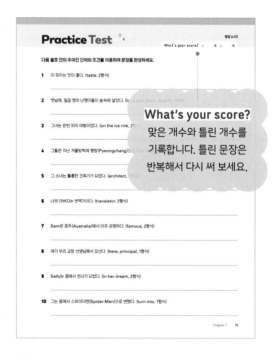

① **문법 설명**

영작에 꼭 필요한 핵심 문법을 재미있는 삽화와
암기 팁 등과 함께 공부할 수 있습니다.

② **Simple Test**

간단한 빈칸 채우기 문제로 문법에 대한 이해도를 확인합니다.

③ **Practice Test**

주어진 단어를 활용하여 비교적 짧고 쉬운 문장을
써 보는 연습 문제입니다.

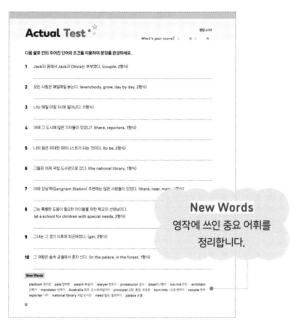

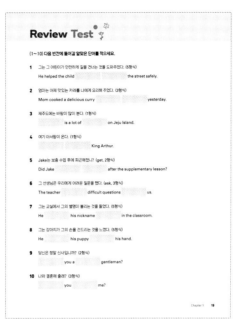

4 Actual Test

이제는 비교적 어려운 문장도 영작해보면서
문장을 자기 것으로 만듭니다.

5 Review Test

Chapter가 끝날 때마다 '빈칸 채우기'와 '문장 완성하기' 문제로
학습한 내용을 복습합니다.

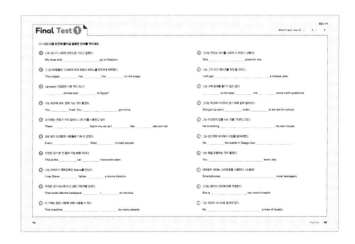

7 Final Test

모든 Chapter의 학습을 마친 후 앞서 배운 내용을 최종 점검합니다.
내신 서술형 평가와 수행평가에 제대로 대비하세요!

6 Ready for Exams

학교 시험을 위한 유형별 실전 서술형 평가 문제입니다.
내신 실전 문제에 완벽 대비합니다.

목차

Chapter

1

문장의 형식

1형식, 2형식

1형식과 2형식 동사는 자동사이며, 자동사는 목적어가 필요 없는 동사를 말한다.

A 1형식 : 「주어 + 동사 (+ 부사 또는 부사구)」

1 부사구 : 두 개 이상의 단어가 모여 부사의 역할을 한다. 장소, 방법, 시간 등을 나타낸다.

He goes <u>to school</u> <u>with his friend</u> <u>by bus</u> <u>every day</u>. 그는 매일 그의 친구와 버스로 학교에 간다.
　　　　장소　　　　방법1　　　방법2　　　시간

2 유도부사

· **There + 동사 + 주어 :** there는 주어가 아니라 유도부사이며 해석하지 않는다.

There are many people in the stadium. 경기장에는 많은 사람들이 있다.

· **Here + 동사 + 주어 :** here는 주어가 아니라 유도부사이며 '여기'라고 해석한다.

Here comes Helen. Helen이 여기 온다.

B 2형식 : 「주어 + 동사 + 보어」

1 be동사 + 형용사/명사 : ~이다, ~에 있다, ~하다

I am **a boy**. 나는 소년이다.

2 상태변화 동사 + 형용사/명사 : ~해지다, ~하게 되다, ~이 되다

Her face **turned** red. 그녀의 얼굴이 빨개졌다.

📌 상태변화 동사는 get, grow, become, turn, change, go 등을 말한다.

3 감각동사 + 형용사 : ~하게 …하다

She **looks** pale. 그녀는 창백해 보인다.

📌 감각동사는 감각을 나타내는 동사(look, smell, sound, feel, taste 등)를 말한다.

문법은 해석이다!

주어 : ~은, ~는, ~이, ~가
목적어 : ~을, ~를, ~에게
보어 : ~이다, ~하다

Simple Test

다음 빈칸에 들어갈 알맞은 단어를 적으세요.

1 그는 매일 아침 학교에 간다. (1형식)

→ He _____ to school every morning.

2 부엌에 레몬이 있었다. (1형식) → _____ was a lemon in the kitchen.

3 이 복숭아에서 달콤한 향이 난다. (2형식) → This peach smells _____.

4 Billy는 장차 변호사가 될 것이다. (2형식)

→ Billy will _____ a _____ in the future.

5 너의 삼촌은 검사처럼 보인다. (2형식)

→ Your uncle _____ _____ a prosecutor.

Practice Test

정답 p.02

What's your score? O   개 X   개

다음 괄호 안의 주어진 단어와 조건을 이용하여 문장을 완성하세요.

1　이 피자는 맛이 좋다. (taste, 2형식)

_____

2　옛날에, 일곱 명의 난쟁이들이 숲속에 살았다. (long ago, there, dwarfs, 1형식)

_____

3　그녀는 은반 위의 여왕이었다. (on the ice rink, 2형식)

_____

4　그들은 지난 겨울방학에 평창(Pyeongchang)으로 갔다. (last, 1형식)

_____

5　그 소녀는 훌륭한 건축가가 되었다. (architect, 2형식)

_____

6　나의 아버지는 번역가이다. (translator, 2형식)

_____

7　Sam은 호주(Australia)에서 아주 유명하다. (famous, 2형식)

_____

8　여기 우리 교장 선생님께서 오신다. (here, principal, 1형식)

_____

9　Sally는 꿈에서 천사가 되었다. (in her dream, 2형식)

_____

10　그는 꿈에서 스파이더맨(Spider-Man)으로 변했다. (turn into, 1형식)

_____

What's your score? O 개 X 개

다음 괄호 안의 주어진 단어와 조건을 이용하여 문장을 완성하세요.

1 Jack의 꿈에서 Jack과 Olivia는 부부였다. (couple, 2형식)

_____

2 모든 사람은 매일매일 늙는다. (everybody, grow, day by day, 2형식)

_____

3 나는 매일 아침 7시에 일어난다. (1형식)

_____

4 어제 그 도시에 많은 기자들이 있었니? (there, reporters, 1형식)

_____

5 나의 꿈은 위대한 피아니스트가 되는 것이다. (to be, 2형식)

_____

6 그들은 어제 국립 도서관으로 갔다. (the national library, 1형식)

_____

7 어제 강남역(Gangnam Station) 주변에는 많은 사람들이 있었다. (there, near, many, 1형식)

_____

8 그는 특별한 도움이 필요한 아이들을 위한 학교의 선생님이다.
(at a school for children with special needs, 2형식)

_____

9 그녀는 그 경기 이후에 피곤해졌다. (get, 2형식)

_____

10 그 여왕은 숲속 궁궐에서 혼자 산다. (in the palace, in the forest, 1형식)

_____

New Words

stadium 경기장 | pale 창백한 | peach 복숭아 | lawyer 변호사 | prosecutor 검사 | dwarf 난쟁이 | ice rink 은반 | architect 건축가 | translator 번역가 | Australia 호주, 오스트레일리아 | principal 교장, 총장; 주요한 | turn into ~으로 변하다 | couple 부부 | reporter 기자 | national library 국립 도서관 | need 필요; 필요하다 | palace 궁궐

Ⓐ 3형식과 4형식

1 **3형식 :** 주어 + 동사 + 목적어 (+ 부사구)

Jihun drinks milk every day. 지훈이는 매일 우유를 마신다.

2 **4형식 :** 주어 + 수여동사 + 간접목적어(~에게) + 직접목적어(~을)

My aunt made us very delicious pizza. 이모가 우리에게 매우 맛있는 피자를 만들어 주셨다.

Ⓑ 4형식 문장에서 3형식 문장으로의 전환

「주어 + 동사 + ~에게 + ~을」이 「주어 + 동사 + ~을 + ~에게」로 바뀌는 것이다.

1 「to + 간접목적어」를 쓰는 경우 : give, send, show 등 대부분의 수여동사

My father gave me some money. 아버지는 나에게 약간의 돈을 주셨다. (4형식)

→ My father gave some money **to** me. (3형식)

2 「for + 간접목적어」를 쓰는 경우 : cook, choose, find, buy, get, make

📌 앞 글자를 따서 CF의 BGM(back ground music)으로 외우면 쉽다.

He bought her a flower. 그는 그녀에게 꽃 한 송이를 사주었다. (4형식)

→ He bought a flower **for** her. (3형식)

3 「of + 간접목적어」를 쓰는 경우 : ask, inquire, require, beg

📌 앞 글자를 따서 Air Bag으로 외우면 쉽다.

The teacher asked us a question. 그 선생님은 우리에게 질문을 하셨다. (4형식)

→ The teacher asked a question **of** us. (3형식)

For는 CF 배경음악이래~

CF BGM?

Ⓒ 직접목적어가 대명사일 경우 : 4형식에는 쓸 수 없고 3형식으로만 가능하다.

She gave Taylor a pen. (O) 그녀는 Taylor에게 펜을 주었다.

She gave **it** to Taylor. (O)   She gave Taylor **it**. (X)

Simple Test

다음 빈칸에 들어갈 알맞은 단어를 적으세요.

1 나는 어제 중국 음식점에서 점심을 먹었다. (3형식)

→ I _____ _____ at a Chinese restaurant yesterday.

2 그는 재빠르게 그 공을 피했다. (3형식)

→ He avoided _____ _____ nimbly.

3 Paul은 기꺼이 나에게 그의 태블릿 PC를 빌려주었다. (4형식)

→ Paul lent _____ _____ tablet PC willingly.

Practice Test

다음 괄호 안의 주어진 단어와 조건을 이용하여 문장을 완성하세요.

1 Leo는 내년에 미국으로 가기로 결심했다. (decide, go to, 3형식)

_____

2 그는 새로운 것들을 발명하는 것을 포기할 수 없었다. (give up, invent, 3형식)

_____

3 그 나이 든 여인은 그들에게 한국 전통 음식을 소개해 주었다. (introduce, traditional, 3형식)

_____

4 너는 Bruce 교수님(Professor Bruce)께 네 보고서를 제출했니? (submit, report, to, 3형식)

_____

5 나에게 그것들을 주세요. (them, to, 3형식)

_____

6 그 직원들은 그들의 사장에게 더 많은 휴식을 요구했다. (require, employees, employer, of, 3형식)

_____

7 유명한 음악가들은 좋은 악기를 사용한다. (instruments, 3형식)

_____

8 나의 멘토는 늘 나에게 용기를 주신다. (mentor, courage, 3형식)

_____

9 나는 그녀가 똑똑하다는 것을 안다. (that, 3형식)

_____

10 그 요리사는 노숙자들을 위해 따뜻한 수프를 요리했다. (homeless people, 3형식)

_____

Actual Test

정답 p.02

What's your score? O   개 X   개

다음 괄호 안의 주어진 단어와 조건을 이용하여 문장을 완성하세요.

1 나에게 차 한잔 가져다줄래? (will, get, 3형식)

_____

2 나에게 그것을 찾아줄 수 있니? (find, it, 3형식)

_____

3 나는 그 음식이 상했다는 것을 몰랐다. (that, go bad, 3형식)

_____

4 그녀는 한 달에 한 번 아프리카에 있는 한 소녀에게 편지를 쓴다. (once a month, 3형식)

_____

5 나는 오늘 엄마에게 맛있는 음식을 만들어 드릴 것이다. (make, my mom, 4형식)

_____

6 나의 부모님은 나를 많이 사랑하신다. (a lot, 3형식)

_____

7 아빠는 어제 큰 돼지 저금통을 나에게 사 주셨다. (buy, piggy bank, 4형식)

_____

8 그녀는 일급비밀을 나에게 말해 주었다. (tell, top secret, 4형식)

_____

9 그 어부는 그물을 배 오른쪽으로 던졌다. (fisherman, cast, right side, 3형식)

_____

10 한 어린 소녀가 대통령에게 편지를 보냈다. (president, 4형식)

_____

New Words

nimbly 재빠르게 | willingly 기꺼이 | decide 결심하다, 결정하다 | give up 포기하다 | invent 발명하다 | submit 제출하다 |
introduce 소개하다 | traditional 전통적인 | professor 교수 | employee 직원, 고용인 | employer 사장, 고용주 | require A of B
B에게 A를 요구하다 | famous 유명한 | instrument 악기 | mentor 멘토 | courage 용기 | cook 요리하다; 요리사 | homeless 집 없는 |
go bad 상하다 | piggy bank 돼지 저금통 | secret 비밀 | cast 던지다 | net 그물 | right side 오른쪽 | president 대통령

Ⓐ 목적격 보어로 명사가 오는 경우

People elected Johnson **their representative**. 사람들은 Johnson을 그들의 대표로 선출했다.

Ⓑ 목적격 보어로 형용사가 오는 경우

She made her son **happy**. 그녀는 아들을 행복하게 했다.

Ⓒ 목적격 보어로 to부정사가 오는 경우

특히 미래나 계획, 약속을 나타내는 동사에 to부정사가 온다.

She expected me **to do** the dishes. 그녀는 내가 설거지를 할 것을 기대했다.

> 사역동사 '~하게 하다'
> let, have, make
> + 목적어 + 동사원형

Ⓓ 목적격 보어로 동사원형이 오는 경우

1 사역동사 : let, have, make '~하게 하다, 시키다'

My dad **made** us **wash** his car. 아빠가 우리에게 세차를 하도록 시키셨다.

2 준사역동사 : help, get '~하게 하다, 시키다'

He **helped** his brother **do** (= **to do**) his homework. 그는 남동생이 숙제하는 것을 도왔다.

He **got** me **to carry** the box. 그는 나에게 그 상자를 옮기게 했다.

📌 help는 목적격 보어로 동사원형과 to부정사 모두 가능하고, get은 to부정사만 가능하다.

3 지각동사 : see, watch, hear, feel, smell, taste 등

I **saw** her **sing** (= **singing**) in the classroom. 나는 그녀가 교실에서 노래하는 것을 봤다.

📌 지각동사는 목적격 보어로 동사원형과 현재분사(-ing) 모두 가능하다.

Ⓔ 과거분사(p.p.)가 오는 경우

목적어와 목적격 보어가 수동의 관계일 때는 목적격 보어로 과거분사(p.p.)가 온다.

He had **his watch repaired**. 그는 그의 손목시계를 수리받았다.

Simple Test

다음 빈칸에 들어갈 알맞은 단어를 적으세요.

1 그녀는 그 문제가 어렵다고 생각했다.

→ She found the question _____.

2 그는 학생들을 오후 5시까지 공부하게 했다.

→ He made his students _____ until 5 p.m.

3 그녀는 강아지가 그녀를 따라오게 했다.

→ She got her puppy _____ _____ her.

Practice Test

What's your score? O   개 X   개

다음 괄호 안의 주어진 단어를 이용하여 문장을 완성하세요.

1 그 아기가 우리를 행복하게 했다. (make)

_____

2 그의 성실함이 그를 부자로 만들었다. (diligence)

_____

3 많은 종이가 그 교실을 지저분하게 만들었다. (messy, a lot of)

_____

4 그는 그의 팀을 우승 팀이 되게 했다. (championship team)

_____

5 질투는 어떤 관계라도 더 나쁘게 만든다. (make, jealousy, any relationship)

_____

6 그들은 우리가 그 짐을 나르는 것을 도왔다. (help, baggage)

_____

7 너는 나의 고양이가 옥상으로 달려가는 것을 봤니? (to the rooftop)

_____

8 부담이 사람을 긴장하게 한다. (burdens, nervous)

_____

9 그녀는 나에게 그녀를 영원히 기억할 것을 부탁했다. (ask, forever)

_____

10 엄마는 나에게 온종일 남동생을 돌보게 하셨다. (take care of, all day, make)

_____

Actual Test

What's your score? O　　개　　X　　개

다음 괄호 안의 주어진 단어를 이용하여 문장을 완성하세요.

1 라이벌을 이겨야 한다는 생각이 그로 하여금 더 열심히 연습하게 했다. (the thought of, beat, rival, harder)

_____

2 그는 그의 컴퓨터가 수리되게 했다. (have, repair)

_____

3 그는 그녀의 노래가 그의 프로그램에서 연주되도록 했다. (her song, on his program, have)

_____

4 그 건물주는 그녀로 하여금 새 아파트의 상태를 점검하게 했다. (landlord, get, the condition)

_____

5 그녀는 그가 미국으로 가도록 용기를 주었다. (encourage)

_____

6 그의 사랑이 그녀를 회복하게 했다. (make, recover)

_____

7 그는 그녀가 영어로 편지를 쓰는 것을 도왔다. (help, in English, letters)

_____

8 그 선생님은 그의 학생들에게 대학 지원서를 작성하게 했다. (have, fill out, university applications)

_____

9 그 왕자는 신데렐라(Cinderella)에게 유리 구두를 신게 했다. (have, crystal shoes)

_____

10 그의 아들은 그를 항상 웃음 짓게 만든다. (all the time)

_____

New Words

elect 선출하다 | representative 대표, 대표자 | repair 수리하다 | diligence 성실함, 근면 | messy 지저분한 | jealousy 질투 |
relationship 관계 | worse bad(나쁜)의 비교급 | baggage 짐 | rooftop 옥상 | burden 짐, 부담 | take care of ~을 돌보다 |
beat 이기다 | rival 라이벌, 경쟁자 | practice 연습하다 | landlord 건물주, 집주인 | condition 상태 | encourage 격려하다, 용기를 주다 |
recover 회복하다 | fill out 작성하다 | university 대학 | application 지원(서) | put on 입다, 착용하다 | all the time 항상

Review Test 😊 🌸

(1~10) 다음 빈칸에 들어갈 알맞은 단어를 적으세요.

1 그는 그 어린이가 안전하게 길을 건너는 것을 도와주었다. (5형식)

He helped the child _____ _____ the street safely.

2 엄마는 어제 맛있는 카레를 나에게 요리해 주었다. (3형식)

Mom cooked a delicious curry _____ _____ yesterday.

3 제주도에는 바람이 많이 분다. (1형식)

_____ is a lot of _____ on Jeju Island.

4 여기 아서왕이 온다. (1형식)

_____ _____ King Arthur.

5 Jake는 보충 수업 후에 피곤해졌니? (get, 2형식)

Did Jake _____ _____ after the supplementary lesson?

6 그 선생님은 우리에게 어려운 질문을 했다. (ask, 3형식)

The teacher _____ difficult questions _____ us.

7 그는 교실에서 그의 별명이 불리는 것을 들었다. (5형식)

He _____ his nickname _____ in the classroom.

8 그는 강아지가 그의 손을 건드리는 것을 느꼈다. (5형식)

He _____ his puppy _____ his hand.

9 당신은 정말 신사입니까? (2형식)

_____ you a _____ gentleman?

10 나와 결혼해 줄래? (3형식)

_____ you _____ me?

(11~20) 다음 괄호 안의 주어진 단어와 조건을 이용하여 문장을 완성하세요.

11 오이 마사지는 사람들에게 좋은 피부를 선물해 준다. (cucumber massage, give, 4형식)

12 그녀는 남편에게 멋진 바지를 골라주었다. (choose, pants, nice, 3형식)

13 그는 사촌이 그의 기타를 치는 것을 허락했다. (his cousin, let, 5형식)

14 그녀는 제자들에게 독일어를 가르쳐 주었다. (pupils, German, 4형식)

15 그 소식에 그녀의 얼굴이 붉어졌다. (turn, at the news, 2형식)

16 그들은 많은 아이들이 그 키즈 카페(kids' café)에서 미소 짓고 있는 것을 보았다. (5형식)

17 그들은 참새들이 노래하는 소리를 듣지 못했다. (sparrows, sing, 5형식)

18 그 나이 든 남자는 많은 돈을 한 자선단체에 기부했다. (donate, to, charity, 3형식)

19 엄마의 자장가가 그녀의 아기를 잠들게 했다. (lullaby, make, 5형식)

20 그 멜로디는 매우 아름답게 들린다. (melody, sound, 2형식)

Ready for Exams

[01~02] 다음 우리말과 같은 뜻이 되도록 주어진 단어를 조건에 맞게 바르게 배열하여 영작하시오.

01

Cathy는 오늘 매우 아파 보인다.
(Cathy, today, looks, sick, very, 2형식)

→ _____

_____

02

나의 부모님은 어제 나에게 새 옷을 사 주셨다.
(my parents, me, for, clothes, new, bought, yesterday, 3형식)

→ _____

_____

[03~04] 다음 괄호 안에 주어진 단어와 조건을 활용하여 밑줄 친 우리말을 바르게 영작하시오.

03

그는 내가 열심히 운동하게 했다.
(hard, exercise)

조건 1   5형식으로 쓸 것.
조건 2   사역동사 make를 사용할 것.

→ _____

_____

04

그 화가는 그 수집가에게 그의 그림을 팔았다.
(painter, the collector, painting, sell)

조건 1   4형식으로 쓸 것.
조건 2   과거형으로 쓸 것.

→ _____

_____

05 다음 대화에서 밑줄 친 우리말을 주어진 단어를 활용하여 바르게 영작하시오.

W : Hey, did you see Mr. Kim?
M : Yes, <u>나는 벤치 위에서 책을 읽고 있는 그를 봤어.</u>
                 (see, a book)
W : On the bench?
M : Yes, He looked serious.

→ _____

_____

06 다음 중 어법상 또는 의미상 <u>어색한</u> 문장을 모두 찾아 그 기호를 쓰고, 바르게 고쳐 문장을 다시 쓰시오.

ⓐ The man sent an email to her.
ⓑ He always goes to school by bus.
ⓒ She got her brother play the piano.
ⓓ They let him taking another chance.
ⓔ The carpenter made a comfortable chair to me.

(1) (   )

→ _____

(2) (   )

→ _____

(3) (   )

→ _____

Chapter

2

to부정사

A to부정사의 쓰임

주어	~하는 것은	**To work** with him is very pleasant. 그와 함께 일하는 것은 매우 즐겁다. **To drink** enough water makes people healthy. 충분한 물을 마시는 것은 사람들을 건강하게 한다.
목적어	~하는 것을	I decided **to spend** more time with my family. 나는 가족과 더 많은 시간을 보낼 것을 결심했다. He wants **to survive** the harsh famine. 그는 혹독한 가뭄으로부터 살아남기를 원한다.
보어	~하는 것이다	All I have to do is **to achieve** my goal. 내가 해야 할 일은 나의 목표를 달성하는 것이다. Real love is **to be patient** for a long time. 진정한 사랑은 오랫동안 참는 것이다.

B 의문사 + to부정사

where to 동사원형	어디로 ~할지	what to 동사원형	무엇을 ~할지
when to 동사원형	언제 ~할지	how to 동사원형	~하는 방법

I don't know where to go.

📌 의문사 + to부정사 = 의문사 + 주어 + should + 동사원형

ⓔⓧ She doesn't know what to do. 그녀는 무엇을 해야 할지 모른다.
= She doesn't know what she should do.

Simple
Test

다음 빈칸에 들어갈 알맞은 단어를 적으세요.

1 소금을 너무 많이 먹는 것은 좋지 않다.
→ ＿＿＿＿＿＿ ＿＿＿＿＿＿ too much salt is not good.

2 그는 고향을 떠날 것을 선택했다.
→ He chose ＿＿＿＿＿＿ ＿＿＿＿＿＿ his hometown.

3 그녀는 내가 그녀를 기다릴 것을 기대했다.
→ She expected me ＿＿＿＿＿＿ ＿＿＿＿＿＿ for her.

4 그들은 언제 가야 할지를 몰랐다.
→ They didn't know ＿＿＿＿＿＿ ＿＿＿＿＿＿ ＿＿＿＿＿＿ .

5 그녀의 꿈은 뉴스 진행자가 되는 것이다.
→ Her dream is ＿＿＿＿＿＿ ＿＿＿＿＿＿ a newscaster.

Practice Test

What's your score? O   개   X   개

to부정사를 사용해서 다음 우리말을 영작하세요.

1 새로운 기술을 배우는 것은 필요하다. (skills, necessary)

_____

2 너의 피부를 자외선으로부터 보호하는 것은 중요하다. (protect, skin, ultraviolet rays, against)

_____

3 우리의 갈망은 자유를 가지는 것이다. (desire, liberty)

_____

4 행복하게 사는 것은 진리를 깨닫는 것이다. (the truth, realize)

_____

5 그의 업무는 많은 정보를 분석하는 것이다. (task, analyze, information)

_____

6 그는 에베레스트산(Mt. Everest)에 오르는 것을 두 번 시도했다. (attempt, climb, twice)

_____

7 해결책은 서로 의사소통을 여러 번 하는 것이다. (solution, communicate with, each other)

_____

8 상사는 Chris에게 그의 일을 멈출 것을 지시했다. (boss, command, halt)

_____

9 얕은 물에서 수영하는 것은 매우 쉽다. (shallow)

_____

10 그녀는 포유류를 연구하는 것을 좋아한다. (study, mammals)

_____

Actual Test

정답 p.04

What's your score? O 개 X 개

to부정사를 사용해서 다음 우리말을 영작하시오.

1 성냥으로 탑을 만드는 것은 집중력을 필요로 한다. (with matches, tower, concentration)

_____

2 그녀는 그 회의에 참석하기를 원했다. (participate in, conference)

_____

3 예의 바른 것이 무례한 것보다 훨씬 낫다. (to be polite, to be rude, much)

_____

4 이 제품을 포함하는 것이 필수적이다. (include, product, essential)

_____

5 그들은 어디에 머물러야 할지 결정하지 못했다. (where to stay)

_____

6 그는 이 낯선 곳에서 어디로 가야 할지 몰랐다. (where to, in this strange place)

_____

7 진수(Jinsu)의 꿈은 축구 심판이 되는 것이다. (football, referee)

_____

8 과학자가 되는 것은 나에게 영광스러운 일이다. (honorable thing)

_____

9 대부분의 사람들이 무엇을 해야 할지 몰랐다. (most, what, to)

_____

10 그녀는 눈으로만 쇼핑하는 것을 좋아한다. (go window shopping)

_____

New Words

pleasant 즐거운 | spend (돈, 시간)을 쓰다 | survive 살아남다 | harsh 혹독한 | famine 기근 | achieve 달성하다 | patient 인내심 있는 | newscaster 뉴스 진행자 | necessary 필요한 | protect 보호하다 | ultraviolet ray 자외선 | desire 갈망, 바람 | liberty 자유 | realize 깨닫다 | task 업무 | analyze 분석하다 | attempt 시도하다 | solution 해결책 | communicate 의사소통하다 | each other 서로 | command 지시하다, 명령하다 | halt 멈추다 | shallow 얕은 | mammal 포유류 | match 성냥 | concentration 집중(력) | participate in ~에 참석하다 | conference 회의 | polite 예의 바른 | rude 무례한 | include 포함하다 | product 제품 | essential 필수적인 | strange 낯선, 이상한 | referee 심판 | honorable 영광스러운

형용사적 용법의 to부정사는 '~할, ~하는'으로 해석한다.

Ⓐ 명사/대명사 + to부정사

They needed enough time **to rest**. 그들은 **휴식할** 충분한 시간이 필요했다.

She has twelve brothers and sisters **to take care of**. 그녀는 **돌봐야 할** 열두 명의 형제자매가 있다.

Ⓑ 명사 + to부정사 + 전치사

I found a good house **to live in**. 나는 (안에서) 살 좋은 집을 찾았다.

📌 I live in a good house. 가 되어야 하므로 in이 없으면 틀린다.

I can't see any people **to talk to**. 나는 **이야기할** 어떤 사람도 볼 수 없다.

📌 I talk to people. 이 되어야 하므로 to가 없으면 틀린다.

I need something cold to drink.

Ⓒ -body, -one, -thing + 형용사 + to부정사

I need **something cold to drink**. (O) 나는 차가운 마실 것이 필요하다.
I need cold something to drink. (X)

Simple Test

다음 빈칸에 들어갈 알맞은 단어를 적으세요.

1 나는 읽을 만화책 한 권을 샀다.
→ I bought a comic book ＿＿＿＿＿＿ ＿＿＿＿＿.

2 그는 쓸 종이를 가지고 있지 않다.
→ He doesn't have any paper ＿＿＿＿＿ write ＿＿＿＿＿.

3 그녀는 편안하게 앉을 의자를 찾았다.
→ She found a comfortable chair ＿＿＿＿＿ sit ＿＿＿＿＿.

4 학교에 갈 시간이다.
→ It's time ＿＿＿＿＿＿ ＿＿＿＿＿＿ to school.

5 너는 너에게 사실을 말해 줄 정직한 누군가를 만나야 한다.
→ You should meet somebody ＿＿＿＿＿ ＿＿＿＿＿ tell you the truth.

Practice Test

정답 p.04

다음 괄호 안의 주어진 단어를 이용하여 문장을 완성하세요.

1   나는 너에게 뭔가 말할 것이 있다. (something, have, tell)

_____

2   그는 그녀에게 줄 선물을 하나 샀다. (present)

_____

3   나는 공부할 충분한 시간이 없다. (enough)

_____

4   그들은 거주할 아늑한 집을 샀다. (cozy, live)

_____

5   그녀는 그녀의 물건을 안에 넣을 여행 가방을 찾고 있었다. (put, suitcase, stuff)

_____

6   우리는 뭔가 맛있는 먹을 것을 원했다. (something)

_____

7   앉을 자리가 없었다. (there, any, seats)

_____

8   그는 함께 일할 많은 동료가 있다. (colleagues)

_____

9   그 정부는 제공할 식량을 더 갖고 있지 않았다. (government, provide, more)

_____

10   나는 같이 놀 친구가 두 명밖에 없다. (only)

_____

Actual Test

What's your score? O 개 X 개

다음 괄호 안의 주어진 단어를 이용하여 문장을 완성하세요.

1 이 작은 도서관은 대출할 어떤 역사책도 가지고 있지 않다. (any, history, check out)

_____

2 그는 무대 위에서 연주할 기타를 하나 샀다. (on the stage)

_____

3 보고할 뭔가 중요한 것이 있나요? (report)

_____

4 그 고아원에는 돌봐야 할 많은 고아들이 있다. (orphans, take care of, at the orphanage, many)

_____

5 그 조교는 우리가 해야 할 과제를 주었다. (teaching assistant, assignments)

_____

6 우리는 오늘 결정해야 할 뭔가 중요한 것이 있다. (something, decide)

_____

7 그들은 먹을 음식이 하나도 없었다. (any, food)

_____

8 그는 물건을 훔칠 사람이 아니다. (person, steal things)

_____

9 이 세상에는 도와야 할 가난한 사람들이 많이 있다. (there are, in the world, people, many)

_____

10 우리는 그 아이들에게 줄 신선한 과일들을 샀다. (fruits, give)

_____

New Words

tell somebody the truth ~에게 진실을 말하다 | comfortable 편안한 | cozy 아늑한 | suitcase 여행 가방 | stuff 물건 | seat 자리, 좌석 | colleague 동료 | government 정부 | provide 제공하다 | check out 대출하다 | stage 무대 | report 보고하다; 보고 | orphan 고아 | orphanage 고아원 | teaching assistant 조교 | assignment 과제

UNIT 06 to부정사의 부사적 용법

A to부정사의 부사적 용법

1 원인 : '~해서'

He was very disappointed **to fail** the exam. 그는 시험에 **떨어져서** 매우 실망했다.

2 목적 : '~하기 위해'

She went to Paris with old women **to guide** them through the city.

그녀는 도시를 두루 **안내하기 위해** 할머니들과 파리로 갔다.

📌 in order to (= so as to) ~하기 위해 ↔ in order not to ~하지 않기 위해

ex She wears a jacket in order to stay warm. 그녀는 따뜻함을 유지하기 위해 자켓을 입는다.

3 결과 : '(결과적으로) ~하다'

In the Bible, Methuselah lived **to be 969**.

성경에서 Methuselah(므두셀라)는 **969세가 되도록** 살았다.

📌 주로 live, grow, wake up 등이 결과의 의미로 쓰인다.

4 이유·판단의 근거 : '~하다니, ~하는 것을 보니'

You are smart **to solve** the hard question. 그 어려운 문제를 **푸는 것을 보니** 너는 똑똑하구나.

5 정도 : '~하기에 …한 (너무 …해서 ~할 수 없는)'

This water is too cold **to drink**. 이 물은 **마시기에** 너무 차갑다.

🚩 앞 글자를 따서 '원목결이 판판한 정도!'라고 외우면 쉽다.

B 독립부정사 : 독립된 의미를 가지면서 문장 전체를 수식하는 부사구 역할을 한다.

to tell the truth	사실을 말하자면	to begin with	우선
to be frank with you	솔직히 말하자면	strange to say	이상하게 들리겠지만
to be sure	확실히	needless to say	말할 필요도 없이
to make matters worse	설상가상으로	so to speak	말하자면

Simple Test

다음 빈칸에 들어갈 알맞은 단어를 적으세요.

1 그녀는 그 소식을 듣고 매우 충격받았다.

→ She was very shocked _____ _____ the news.

2 가난한 사람들을 돕는 것을 보니 그는 훌륭하다.

→ He is wonderful _____ _____ poor people.

3 Cathy는 자라서 생물학자가 되었다.

→ Cathy grew up _____ _____ a biologist.

Practice Test

What's your score? O　　개　X　　개

다음 괄호 안의 주어진 단어를 이용하여 문장을 완성하세요.

1　나는 썩은 이를 뽑기 위해 치과에 갈 예정이다. (dental clinic, pull out, rotten tooth)

_____

2　우선, 이 위기를 극복하기 위해 최선을 다 하자. (to begin with, overcome, crisis)

_____

3　그들은 지역 자선 단체에 기부하기 위해 충분한 음식을 준비했다. (prepare, donate, a local charity)

_____

4　엘리자베스 여왕(Queen Elizabeth)은 (결과적으로) 95세가 되도록 살았다. (to be)

_____

5　설상가상으로, 그녀는 어제 자동차 열쇠를 잃어버렸다. (to make matters worse)

_____

6　이 유리 구두는 신데렐라(Cinderella)가 신기에 알맞은 크기이다. (crystal shoes, the right size, put on)

_____

7　그렇게 말하는 것을 보니 그는 믿을 만하지 않다. (talk like that, trustworthy)

_____

8　모든 후원자가 그녀를 다시 보게 되어서 행복했다. (sponsors)

_____

9　너는 먹기 위해 사니, 아니면 살기 위해 먹니?

_____

10　그는 그 시험에 떨어지지 않기 위해 하루에 열 시간 동안 공부했다. (in order not to)

_____

Actual Test

다음 괄호 안의 주어진 단어를 이용하여 문장을 완성하세요.

1 그녀의 새로운 일을 시작해서 그녀는 신난 게 틀림없다. (start, excited, must be, job)

_____

2 그의 연설은 이해하기에 어렵다. (speech)

_____

3 그 소년은 자라서 영화감독이 되었다. (movie director)

_____

4 너는 그 소식을 듣고 실망했니? (disappointed)

_____

5 세 대의 차를 가지고 있는 것을 보니 그는 부자임이 틀림없다. (must be)

_____

6 나는 어제 오랜 친구를 만나서 기뻤다. (pleased, old friend)

_____

7 이 건물은 너무 높아서 계단 꼭대기까지 걸어갈 수 없다. (too, up the stairs, to the top)

_____

8 그 아기는 너무 어려서 스스로 먹을 수 없다. (too, feed himself)

_____

9 그는 어머니를 구하기 위해 물속으로 뛰어들었다. (rescue, jump into)

_____

10 아침에 일찍 일어나는 것을 보니 그는 틀림없이 부지런하다. (must be, diligent)

_____

New Words

disappointed 실망한 | guide 안내하다 | heaven 천국 | Bible 성경 | biologist 생물학자 | dental clinic 치과 | pull out 뽑다 | rotten 썩은 | do one's best 최선을 다하다 | overcome 극복하다 | crisis 위기 | prepare 준비하다 | donate 기부하다 | local 지역의 | charity 자선 단체 | put on 입다, 착용하다 | trustworthy 믿을 만한 | sponsor 후원자 | speech 연설 | movie director 영화감독 | stair 계단 | feed oneself 혼자 먹다 | rescue 구하다, 구출하다 | diligent 부지런한

UNIT 07 가주어, 진주어, 의미상 주어

A 가주어

주어가 길 경우에 가짜 주어 It을 문장 앞으로 내세워 주어 역할을 하게 한다.
가주어 It이 앞으로 가면 진짜 주어는 뒤로 간다.

> 우린 주어가 길면 귀찮아.
> 가짜주어 It 좋아요!

B 진주어

1 to부정사가 진주어로 쓰인 경우

To sing this song is hard. → **It** is hard **to sing this song**.
  주어   가주어   진주어

2 동명사구가 진주어로 쓰인 경우

Singing this song is hard. → **It** is hard **singing this song**. 이 노래를 부르는 것은 어렵다.
  주어   가주어   진주어

3 「that + 명사절」이 진주어로 쓰인 경우

That he is a spy is true. → **It** is true **that he is a spy**. 그가 스파이라는 것은 사실이다.
  주어   가주어   진주어

C 의미상 주어 : to부정사의 의미상 주어는 to부정사 앞에 표시한다.

1 「for + 목적격」 : 일반적인 형용사가 앞에 있을 때

It is easy **for her** to cook delicious food. 그녀가 맛있는 음식을 요리하기는 쉽다.
가주어   의미상 주어   진주어

2 「of + 목적격」 : 사람의 감정이나 성품, 성질을 나타내는 형용사가 앞에 있을 때

📌 nice, kind, wise, careful, honest 등의 형용사에는 전치사 of를 쓴다.

It is nice **of her** to help the pregnant woman. 임신한 여성을 돕는 것을 보니 그녀는 친절하다.
가주어   의미상 주어   진주어

Simple Test

다음 빈칸에 들어갈 알맞은 단어를 적으세요.

1 긍정적으로 생각하는 것은 중요하다.
→ _____ is important _____ think positively.

2 그녀가 그를 만난 것은 행운이었다.
→ _____ was fortunate _____ her _____ meet him.

3 그에게 사실을 말하다니 그녀는 어리석다.
→ _____ is foolish _____ her _____ tell him the truth.

Practice Test

다음 괄호 안의 주어진 단어를 이용하여 문장을 완성하세요.

1   가난한 사람들을 돕는 것은 필요하다. (it, necessary, to)

_____

2   많은 아이들을 돌보는 것은 어렵다. (it, to, look after)

_____

3   악보 없이 피아노를 연주하기는 쉽지 않다. (it, to, without sheet music)

_____

4   그녀가 자신만을 위해 식사를 요리하는 것은 쉬웠다. (it, for, to, only for herself)

_____

5   나에게 용기를 주는 것을 보니 그는 친절하다. (it, to, of, encourage)

_____

6   학생들이 시험 전에 숙면을 취하는 것은 중요하다. (it, for, have a sound sleep)

_____

7   아이들이 뛰어다니는 것은 자연스럽다. (it, natural, for, run around)

_____

8   이곳에서 코끼리가 길거리에서 돌아다니는 것은 보통 있는 일이다. (it, normal, walk around)

_____

9   봉사활동을 한 것은 나에게 좋은 경험이었다. (it, good experience, for, do a volunteer activity)

_____

10   그가 빌 게이츠(Bill Gates)를 만났던 것은 사실이다. (it, that)

_____

What's your score?   O   개   X   개

다음 괄호 안의 주어진 단어를 이용하여 문장을 완성하세요.

1 자전거를 하루에 한 시간 타는 것은 너의 건강에 좋다. (it, health, ride)

_____

2 그가 저 영화를 선택한 것은 실수였다. (it, mistake, choose)

_____

3 그가 그 수수께끼를 푼 것은 매우 똑똑했다. (it, riddle)

_____

4 그가 그녀를 만난 것은 운명이었니? (it, destiny, that)

_____

5 그녀가 그 환자들을 돕는 것은 친절한 일이다. (it, nice, patients)

_____

6 거기서 그녀를 기다리는 것은 소용없다. (it, useless, there)

_____

7 그 공을 놓친 것은 나의 잘못이었다. (it, fault, miss)

_____

8 그가 주말에 등산을 하는 것은 일상적이다. (it, usual, go hiking)

_____

9 대통령에게 이메일을 보내는 것이 가능하니? (it, possible)

_____

10 그 소녀가 혼자서 길을 건너는 것은 매우 위험하다. (it, dangerous, cross, by herself)

_____

New Words

pregnant 임신한 | positively 긍정적으로 | fortunate 행운의, 운이 좋은 | necessary 필요한 | look after 돌보다 | sheet music 악보 | encourage 격려하다, 용기를 주다 | natural 자연스러운 | normal 보통의 | experience 경험 | do a volunteer activity 자원봉사를 하다 | ride a bicycle [bike] 자전거를 타다 | mistake 실수 | riddle 수수께끼 | destiny 운명 | patient 환자 | useless 소용없는 | fault 잘못 | miss 놓치다 | usual 일상적인 | possible 가능한 | dangerous 위험한 | cross 건너다 | by oneself 혼자서

Review Test

(1~10) 다음 빈칸에 들어갈 알맞은 단어를 적으세요.

1 그는 새 집을 살 충분한 돈이 없다.

He doesn't have _____ money _____ _____ a new house.

2 그는 휴식을 취하기 위해 일하는 것을 멈췄다.

He stopped working _____ _____ a rest.

3 마음을 읽는 것은 그 사람을 아는 것이다.

To _____ his mind _____ _____ know him.

4 부자가 천국에 들어가는 것은 매우 어렵다.

_____ is very hard _____ a rich man _____ enter heaven.

5 Kevin은 예쁜 병들을 모으는 것을 좋아한다.

Kevin likes _____ _____ pretty bottles.

6 그는 언제 멈춰야 할지를 아주 잘 안다.

He knows very well _____ _____ stop.

7 그들은 내가 그들의 작업에 만족해할 것을 기대했다.

They expected _____ to _____ satisfied with their work.

8 그녀는 글씨를 쓸 많은 종이가 필요했다.

She needed a lot of paper _____ write _____ .

9 이 소파는 낮잠을 자기에 편안하다.

This sofa _____ comfortable _____ take a nap on.

10 나는 제시간에 이 프로젝트를 끝내게 되어서 매우 기쁘다.

I am very pleased _____ _____ this project in time.

(11~20) 다음 괄호 안의 주어진 단어를 이용하여 문장을 완성하세요.

11   그 길은 그 버스가 지나가기에 너무 좁았다. (too, narrow, the bus, pass by)

12   그녀가 그의 청혼을 거절하는 것은 어려웠다. (it, reject, proposal of marriage)

13   그가 그들을 그렇게 대한 것은 잔인했다. (it, cruel, of, treat, like that)

14   Sam이 독일어를 배우기는 쉬웠다. (it, German)

15   그녀가 하루에 한 번씩 그에게 전화하는 것은 중요했다. (it, call, once a day)

16   나의 아들을 공원으로 데리고 가기는 쉽다. (it, take, to)

17   나의 아들을 공원에서 떠나오도록 하는 것은 어렵다. (it, get, leave from)

18   내가 혼자서 거실을 청소하는 것은 쉽지 않았다. (it, by myself)

19   그는 성공하기 위해서 많은 책들을 읽었다. (in order to, a lot of)

20   그녀는 친구들에게 줄 뭔가 맛있는 것을 요리했다. (something)

Ready for Exams

[01~02] 다음 우리말과 같은 뜻이 되도록 주어진 단어를 바르게 배열하여 영작하시오.

01

우리는 먹을 약간의 음식을 사야 했다.
(we, food, eat, some, had to, to, buy)

→ _____

_____

02

그는 체중을 줄이기 위해 열심히 운동한다.
(he, lose, weight, to, exercises, hard)

→ _____

_____

[03~04] 다음 괄호 안에 주어진 단어와 조건을 활용하여 밑줄 친 우리말을 바르게 영작하시오.

03

그녀가 거기에 혼자 가는 것은 위험하다.
(dangerous, alone, go there)

조건 1 가주어 It과 진주어 to부정사를 사용할 것.
조건 2 의미상 주어를 사용할 것.

→ _____

_____

04

그들은 그 자동차를 고치는 방법을 몰랐다.
(repair, didn't, know)

조건 1 의문사 how를 사용할 것.
조건 2 to부정사를 사용할 것.

→ _____

_____

05 다음 대화에서 밑줄 친 우리말을 주어진 단어를 활용하여 바르게 영작하시오.

M : Rachel, What's the problem?
W : I ran for a long time not to be late.
M : Oh, what can I help you?
W : 나에게 마실 시원한 무언가를 줄 수 있니? (cool)

→ _____

_____

06 다음 중 어법상 또는 의미상 어색한 문장을 모두 찾아 그 기호를 쓰고, 바르게 고쳐 문장을 다시 쓰시오.

ⓐ To be honest is important.
ⓑ There was very easy to do.
ⓒ It was very nice for him to help the poor.
ⓓ My uncle bought a new apartment to live.
ⓔ They stayed at the hotel to take more rest.

(1) ( )

→ _____

_____

(2) ( )

→ _____

_____

(3) ( )

→ _____

Chapter

3

동명사

A 동명사의 쓰임

1 주어 역할 : '~하는 것은'으로 해석한다.

Learning English is very hard. **영어를 배우는 것은** 매우 어렵다.

2 목적어 역할 : '~하는 것을'로 해석한다.

They enjoyed **playing soccer** yesterday. 그들은 어제 **축구하는 것을** 즐겼다.

3 보어 역할 : '~하는 것이다'로 해석한다.

Her hobby is **collecting seashells**. 그녀의 취미는 **조개껍데기를 모으는 것이다**.

4 전치사의 목적어 역할 : 전치사 + -ing

Are you good **at cooking**? 너는 **요리를** 잘하니?

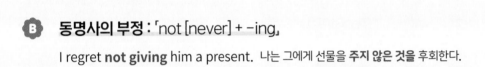

I am good at running.

전치사 뒤에 동사가 올 때는
전치사 + 동사원형 -ing로!

B 동명사의 부정 : 「not [never] + -ing」

I regret **not giving** him a present. 나는 그에게 선물을 **주지 않은 것을** 후회한다.

C 동명사는 3인칭 단수 취급한다.

Getting many letters **makes** her happy. (O) 많은 편지를 받는 것은 그녀를 행복하게 한다.
Getting many letters make her happy. (X)

Simple Test

다음 빈칸에 들어갈 알맞은 단어를 적으세요.

1 일찍 일어나기는 쉽지 않다.

→ _____ up early _____ not easy.

2 그의 취미는 정원의 꽃을 바라보는 것이다.

→ His hobby _____ _____ the flowers in his garden.

3 그는 그 열쇠를 찾는 것에 지쳤다.

→ He was tired of _____ _____ the key.

4 그는 돌아보지 않고 계속해서 걸어갔다.

→ He kept _____ without _____ back.

5 규칙적으로 운동하는 것은 중요하다.

→ _____ regularly _____ important.

Practice Test

정답 p.07

What's your score? O   개 X   개

동명사를 사용해서 다음 우리말을 영작하세요.

1 그들은 피아노를 연주하지 않고 노래하는 것을 꺼렸다. (mind, without)

_____

2 그는 결국 그녀를 기다리는 것을 포기했다. (give up, in the end)

_____

3 사랑스러운 딸과 함께 시간을 보내는 것은 그를 행복하게 한다. (spend, make)

_____

4 그녀에게 선물을 안 준 것은 나의 잘못이었다. (not, present, fault)

_____

5 그 발표회에 참석하지 못해서 미안해. (for, not, participate in, the presentation)

_____

6 나는 그 시험에 합격할 것을 확신한다. (sure of, pass)

_____

7 노후 대책을 세우는 것은 현명하다. (plan, your later years, wise)

_____

8 해변으로 가는 것은 우리를 행복하게 한다. (the beach, make)

_____

9 큰 교육 회사를 경영하는 것은 나의 꿈이다. (dream, run, education company)

_____

10 그는 지도 그리는 것에 관심이 있다. (interested in, draw, maps)

_____

Actual Test

정답 p.07

What's your score? O   개   X   개

동명사를 사용해서 다음 우리말을 영작하세요.

1   TV를 너무 많이 보는 것은 너를 멍청하게 만든다. (too much, stupid)

_____

2   다른 사람들에게 정직하지 못한 것은 Jerry의 문제다. (be dishonest with, others)

_____

3   훌륭한 지리학자가 되는 것은 그의 오랜 꿈이었다. (geographer, longtime dream)

_____

4   애완동물들에게 먹이를 주지 않는 것은 그들을 아프게 한다. (not, feed)

_____

5   휴식하지 않는 것은 우리를 피곤하게 한다. (not, take a rest)

_____

6   시험에서 부정행위는 불합격의 결과를 가져올 것이다. (cheating, result in, fail the test)

_____

7   모르는 군인들에게 편지를 보내는 것은 오랜 전통이다. (unknown, tradition)

_____

8   그는 교실에서 소란스럽게 하는 것을 멈췄다. (make any noise)

_____

9   가난한 사람들을 돕지 않는 것은 일종의 죄이다. (people, a kind of sin)

_____

10   진실을 말하지 않는 것은 사람들을 화나게 한다. (angry)

_____

New Words

seashell 조개껍데기 | regularly 규칙적으로 | mind 꺼리다 | without ~없이, ~하지 않고 | in the end 결국, 마침내 | fault 잘못 |
participate in ~에 참석하다 | presentation 발표회 | be sure of ~에 대해 확신하다 | plan 계획하다 | later years 노후 |
education 교육 | be interested in ~에 흥미[관심]가 있다 | stupid 멍청한 | dishonest 정직하지 못한 | entertainer 연예인 |
geographer 지리학자 | longtime 오랫동안의 | feed 먹이다, 먹이를 주다 | take a rest 휴식하다 | cheating 부정행위 | result in
~의 결과를 가져오다 | tradition 전통 | sin 죄

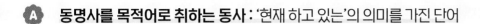

UNIT 09 동명사와 to부정사, 관용적 표현

Ⓐ 동명사를 목적어로 취하는 동사 : '현재 하고 있는'의 의미를 가진 단어

> mind (꺼리다) enjoy (즐기다) give up (포기하다) avoid (피하다) keep (계속 ~하다) finish (마치다)
> quit (그만두다) practice (연습하다) consider (고려하다) postpone (연기하다) deny (부인하다)
> dislike (싫어하다) 등

She **finished doing** her homework. 그녀는 숙제 하는 것을 마쳤다.

Ⓑ to부정사를 목적어로 취하는 동사 : '미래적이고, 계획하고, 약속하는' 의미를 가진 단어

> want, hope, wish, desire (원하다, 바라다) plan (계획하다)
> expect (예상하다) need (필요하다) decide (결정하다) choose (선택하다)
> promise (약속하다) agree (동의하다) refuse (거절하다) learn (배우다)
> would like (~하고 싶다) seem (~인 것 같다) fail (실패하다) 등

I **decided to go** to church with my wife. 나는 아내와 함께 교회에 갈 것을 결심했다.

Ⓒ 관용적 표현

go -ing	~하러 가다	spend (시간, 돈) -ing	~하는 데 (시간, 돈을) 쓰다
be busy -ing	~하느라 바쁘다	be worth -ing	~할 가치가 있다
feel like -ing	~하고 싶다	look forward to -ing	~하는 것을 고대하다
be tired of -ing	~에 싫증 나다	cannot help -ing	~하지 않을 수 없다

Mary is **looking forward to seeing** her grandmother. Mary는 할머니를 만날 것을 고대하고 있다.

Simple Test

다음 빈칸에 들어갈 알맞은 단어를 적으세요.

1 대부분의 여자들은 낚시하는 것을 즐기지 않는다.
→ Most women don't enjoy _____.

2 그는 여자친구에게 매일 편지 쓰는 것을 포기했다.
→ He gave up _____ a letter to his girlfriend every day.

3 그녀는 매일 책을 읽기로 결심했다.
→ She decided _____ _____ books every day.

4 우리는 어제 수영하러 갔었다. → We went _____ yesterday.

5 Tony는 큰 소리로 책을 계속 읽었다. → Tony kept _____ the book loudly.

Practice Test

What's your score? O 　개 X 　개

다음 괄호 안의 주어진 단어를 이용하여 문장을 완성하세요.

1　그는 그 집을 사는 데 많은 돈을 썼다. (spend, a lot of)

_____

2　나는 영화를 한 편 보고 싶다. (feel like)

_____

3　그는 그의 차를 세차하느라 바쁘다. (busy, wash)

_____

4　그들은 고향을 떠나는 것을 꺼리지 않았다. (mind, leave)

_____

5　그녀는 그 회사에서 일하는 것을 그만두었다. (quit)

_____

6　Ben은 큰 장난감 자동차를 가지는 것을 소원했다. (wish)

_____

7　그 그림은 보관할 가치가 있다. (worth, keep)

_____

8　그들은 제주도(Jeju Island)로 이사하는 것을 고려하고 있다. (consider, move to)

_____

9　나는 인터넷으로 정보를 찾는 것에 싫증이 난다. (tired of, search for, on)

_____

10　그들은 그 다리를 건설하는 것을 끝냈다. (construct, bridge, finish)

_____

Actual Test

다음 괄호 안의 주어진 단어를 이용하여 문장을 완성하세요.

1 그녀는 자기의 의견을 다른 사람들에게 말하는 것을 즐긴다. (enjoy, tell, opinion, others)

_____

2 그 축구 선수는 영국으로 가기를 고대하고 있다. (look forward to, England)

_____

3 그 선생님은 쉬운 문제들을 내기로 약속했다. (write, questions)

_____

4 그 회사는 그 제품을 제조하는 데 시간을 많이 소비했니? (company, spend, manufacture, product)

_____

5 아빠는 장거리 운전 후에 충분한 휴식을 취하실 필요가 있다. (need, get enough rest)

_____

6 나는 중국어를 배우고 싶다. (feel like)

_____

7 그는 마침내 그녀를 괴롭히는 것을 멈췄다. (bully, finally)

_____

8 그녀는 성형 수술을 받는 데에 많은 돈을 썼다. (spend, have plastic surgery, a lot of)

_____

9 그 토끼는 당근을 먹는 것에 싫증이 났다. (tired of, carrots)

_____

10 그들은 새로운 프로젝트를 준비하느라 바쁘다. (busy, prepare, project)

_____

New Words

feel like ~하고 싶다 | mind 꺼리다 | quit 그만두다 | worth ~의 가치가 있는 | consider 고려하다, 간주하다 | move 이사하다 |
be tired of ~에 싫증이 나다 | search for ~을 찾아보다 | construct 건설하다 | opinion 의견 | write a question 문제를 출제하다 |
manufacture 제조하다, 생산하다 | product 제품 | drive 운전, 주행; 운전하다 | get enough rest 충분한 휴식을 취하다 | Chinese
중국어; 중국인 | finally 마침내 | bully 괴롭히다 | plastic surgery 성형 수술 | carrot 당근 | prepare 준비하다

UNIT 10 to부정사와 동명사를 모두 취하는 동사

A to부정사, 동명사 목적어 : 의미가 변하지 않는 동사

ex love (사랑하다), like (좋아하다), hate (싫어하다), begin, start (시작하다), continue (계속하다) 등

He **loves playing** soccer. 그는 축구 하는 것을 매우 좋아한다.
= He **loves to play** soccer.
I **started making** a robot. 나는 로봇 만들기를 시작했다.
= I **started to make** a robot.
📌 to부정사와 -ing 둘 다 쓸 수 있다.

I like to fish.
= I like fishing.

B to부정사, 동명사 목적어 : 의미가 달라지는 동사

to부정사	🚩 ~할 것을 …하다 (미래)	동명사	🚩 ~했던 것을 …하다 (과거)
forget to ~	~할 것을 잊어버리다	forget -ing	~했던 것을 잊어버리다
remember to ~	~할 것을 기억하다	remember -ing	~했던 것을 기억하다
regret to ~	~해서 유감이다	regret -ing	~했던 것을 후회하다
stop to ~	~하기 위해 멈추다	stop -ing	~하는 것을 멈추다
try to ~	~하기 위해 노력하다	try -ing	시험 삼아 ~해보다

사랑하고, 좋아하고, 미워하고, 싫어하고, 시작하는 것은 to부정사와 -ing 둘 다 올 수 있다.

She forgot **to meet** James tomorrow. 그녀는 내일 James를 **만날** 것을 잊어버렸다.
She forgot **meeting** James yesterday. 그녀는 어제 James를 **만났던** 것을 잊어버렸다.

Simple Test

다음 빈칸에 들어갈 알맞은 단어를 적으세요.

1 나는 숙제 하는 것을 싫어한다.
→ I hate _____ homework.

2 그들은 성공하기 위해 노력했다.
→ They tried _____ succeed.

3 갑자기, 그는 큰 소리로 말하기 시작했다.
→ All of a sudden, he started _____ loudly.

4 그는 그녀에게 전화하기 위해 멈췄다.
→ He stopped _____ _____ her.

5 그녀는 그 오디션에 참가했던 것을 후회한다.
→ She regrets _____ in the audition.

Practice Test

정답 p.08

What's your score? O   개   X   개

다음 괄호 안의 주어진 단어를 이용하여 문장을 완성하세요.

1   그들은 우리에게 중요한 정보를 주기 위해 멈췄다. (information)

_____

2   그들은 우리에게 중요한 정보를 주는 것을 멈췄다.

_____

3   나는 내 방에 불을 켤 것을 잊어버렸다. (in my room, turn on)

_____

4   나는 내 방에 불을 켠 것을 잊어버렸다.

_____

5   그는 나와 테니스를 칠 것을 기억했다.

_____

6   그는 나와 테니스를 쳤던 것을 기억했다.

_____

7   나는 어제 그 비싼 가방을 산 것을 후회한다. (expensive)

_____

8   너에게 나쁜 소식을 전하게 되어 유감이야. (bring, bad news)

_____

9   그녀는 그 문을 잠그려고 노력했다. (lock)

_____

10   그녀는 시험 삼아 그 문을 잠가 보았다.

_____

Actual Test

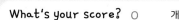

What's your score?　O　　개　X　　개

다음 괄호 안의 주어진 단어를 이용하여 문장을 완성하세요.

1　그는 만화책을 계속 읽었다. (continue, comic books)

_____

2　나는 운전하는 것을 좋아하지만 아빠는 그렇지 않는다. (drive)

_____

3　Paul은 그 창문을 시험 삼아 열어 보았다.

_____

4　Paul은 그 창문을 열기 위해 노력했다.

_____

5　그는 그 문제에 대해 나와 의논할 것을 기억했다. (discuss the problem)

_____

6　그는 그 문제에 대해 나와 의논했던 것을 기억했다.

_____

7　그들은 그녀를 비난하는 것을 멈췄다. (blame)

_____

8　그들은 그녀를 비난하기 위해서 멈췄다.

_____

9　나는 어제 그 계약서에 사인했던 것을 후회한다. (sign, the contract)

_____

10　나는 그가 어제 그 계약서에 사인했다고 말하게 되어 유감이다. (say, that)

_____

New Words

hate (몹시) 싫어하다 | continue 계속하다 | all of a sudden 갑자기 | loudly 큰 소리로 | information 정보 | turn on (불을) 켜다 | expensive 비싼 | lock 잠그다 | comic book 만화책 | discuss ~에 대해 의논하다 | problem 문제 | blame 비난하다 | contract 계약(서) | regret 후회하다, 유감으로 여기다

Review Test

(1~10) 다음 빈칸에 들어갈 알맞은 단어를 적으세요.

1   조종사가 되기는 쉽지 않다.

　　　　　　 a pilot 　　　　　　 not easy.

2   그는 그 두꺼운 책을 읽는 것을 끝냈다.

He 　　　　　　 　　　　　　 the thick book.

3   당신의 노트북 컴퓨터를 빌려주는 것을 꺼리시나요?

Would you 　　　　　　 　　　　　　 me your laptop computer?

4   가난한 것은 잘못된 일이 아니다.

　　　　　　 poor 　　　　　　 not wrong.

5   나는 그녀와 함께 저녁 식사를 하기를 희망한다.

I hope 　　　　　　 　　　　　　 dinner with her.

6   어려운 수학 문제들을 푸는 것은 나를 행복하게 만든다.

　　　　　　 difficult math questions 　　　　　　 me happy.

7   그녀는 생일 파티를 하는 것을 연기했다.

She postponed 　　　　　　 her birthday party.

8   그는 최대한 빨리 돌아올 것을 약속했다.

He promised 　　　　　　 　　　　　　 as soon as possible.

9   좋은 책들을 읽는 것은 나쁜 친구들이 있는 것보다 낫다.

　　　　　　 good books 　　　　　　 better than 　　　　　　 bad friends.

10   그 기자는 다음 주에 그녀를 인터뷰할 것을 기억하고 있다.

The reporter remembers 　　　　　　 her next week.

(11~20) 다음 괄호 안의 주어진 단어를 이용하여 문장을 완성하세요.

11 그녀는 택시를 부르기 위해서 멈췄다. (call)

12 그는 그녀에게 문자 메시지를 보냈던 것을 후회했다. (regret, text message)

13 그녀는 대회 전에 그 소년을 격려하려고 노력했다. (encourage, contest)

14 Michael은 엄마를 위해 요리하는 것을 즐긴다. (enjoy, cook for)

15 그녀의 사명은 집 없는 사람들을 돕는 것이다. (mission, homeless)

16 자원을 낭비하는 것은 국가 경제에 나쁘다. (waste, resources, the national economy)

17 우리 팀의 문제는 리더가 없다는 것이다. (not, have, leader)

18 그는 매일 100개의 영어 단어를 암기하기를 원한다. (memorize, words, every day)

19 너 자신을 속이는 것은 매우 어리석다. (deceive, foolish)

20 나는 온종일 축구를 하고 싶다. (feel like)

Ready for Exams

[01~02] 다음 우리말과 같은 뜻이 되도록 주어진 단어를 바르게 배열하여 영작하시오.

01

너무 많은 돈을 쓰는 것은 현명하지 않다.
(too, money, much, not, spending, is, wise)

→ _____

_____

02

나는 매일 허브 차를 마시고 싶다.
(I, drinking, every day, like, feel, herbal tea)

→ _____

_____

[03~04] 다음 괄호 안에 주어진 단어와 조건을 활용하여 밑줄 친 우리말을 바르게 영작하시오.

03

이 그림은 오랫동안 보관할 가치가 있다.
(painting, keep, for a long time)

조건 1 worth를 사용할 것.
조건 2 be동사를 사용할 것.

→ _____

_____

04

그는 일기 쓰는 것을 멈출 것이다.
(will, keep a diary)

조건 1 stop을 사용할 것.
조건 2 6개 단어로 쓸 것.

→ _____

_____

05 다음 대화를 읽고 주어진 단어를 활용하여 밑줄 친 우리말을 바르게 영작하시오.

W : Hey, What are you planning to do this weekend?
M : Umm... Nothing special.
W : I'm going to buy some clothes. Can you come with me?
M : Wait a minute. I am sorry. <u>나는 나의 조부모님을 방문할 것을 잊어버렸어.</u> (visit)

→ _____

_____

06 다음 중 어법상 또는 의미상 <u>어색한</u> 문장을 모두 찾아 그 기호를 쓰고, 바르게 고쳐 문장을 다시 쓰시오.

ⓐ Not giving any presents are rude to him.
ⓑ Are you interested in take pictures?
ⓒ He was busy to wash his new car.
ⓓ Let's go camping this Saturday.
ⓔ She always tries to do her best.

(1) (   )
→ _____

(2) (   )
→ _____

(3) (   )
→ _____

Chapter

4

명사,
부정대명사

UNIT 11 명사

A 셀 수 있는 명사

1 **보통명사** : 사람, 동물, 사물 등 일반적으로 셀 수 있는 명사이다. ex boy, lion, desk 등
2 **집합명사** : 사람이나 사물이 모여 집합을 만든 명사이다.

   ex family, team, committee (위원회), audience (관객) 등 ⚑ 단수. 복수 모두 가능

   My family **is** large. 우리 가족은 대가족이다. (가족을 하나의 집단으로 볼 때, 단수 취급)

   My family **are** all tall. 우리 가족 구성원들은 모두 키가 크다. (family members으로 볼 때, 복수 취급)

B 셀 수 없는 명사 ⚑ 셀 수 없을 때는 단수 취급한다.

1 **고유명사** : 대문자로 시작하는 하나뿐인 이름이다. ex Korea, New York, Mozart 등
2 **추상명사** : 모양이 없는 추상적인 명사를 말한다. ex love, peace, happiness, friendship 등
3 **물질명사** : 모양이 없는 액체나 기체, 물질 등을 말한다. ex coffee, water, air, sugar, money 등

C 명사의 수량 표현

1 **수량형용사**

	셀 수 있는 명사	셀 수 없는 명사
조금 있는 (긍정적)	a few	a little
거의 없는 (부정적)	few	little

little milk
거의 없는

a little milk
조금 있는

There is **little** milk in the bottle. 병 안에는 우유가 거의 없다.

There is **a little** milk in the bottle. 병 안에는 우유가 조금 있다.

2 **물질명사의 수량 표현**

물질명사는 셀 수 없으므로 단수 취급하며, 어디에 담거나 자르거나 해야 숫자로 셀 수 있다.

I need **three slices of cheese**. 나는 세 장의 치즈가 필요하다.

📌 a cup of coffee / two glasses of milk / three loaves of bread / four sheets of paper

---

Simple Test

다음 빈칸에 들어갈 알맞은 단어를 적으세요.

1 사랑은 행복을 만든다. → Love _____ happiness.

2 그들은 세 잔의 커피를 주문했다.

   → They ordered three _____ _____ coffee.

3 그녀의 방에는 책이 거의 없었다.

   → There _____ few _____ in her room.

Practice Test

What's your score? O   개 X   개

다음 괄호 안의 주어진 단어를 이용하여 문장을 완성하세요.

1 그는 일본에서 많은 돈을 벌었다. (earn)

_____

2 그녀는 피자 여덟 조각을 먹을 수 있다. (piece)

_____

3 정부는 그 위원회를 조직했다. (the government, the committee)

_____

4 그 위원회 사람들은 모두 남자이다. (people, on the committee, man)

_____

5 그 냄비에 설탕 한 숟가락을 넣어라. (put, spoonful, pot)

_____

6 너는 그 캠핑 여행에 많은 물을 가져와야 한다. (on the camping trip)

_____

7 그 사막에는 동물이 거의 없다. (there, in the desert)

_____

8 그는 그 죄를 용서할 수 있다. (forgive, sin)

_____

9 나의 아빠는 매일 저녁에 한 잔의 와인을 마신다. (every evening, wine)

_____

10 그 기자는 풍부한 정보를 가지고 있었니? (reporter, information, plenty of)

_____

Actual Test

다음 괄호 안의 주어진 단어를 이용하여 문장을 완성하세요.

1 그 방에는 공기가 거의 없었다. (little, air)

_____

2 왜 나는 겨우 피자 한 조각을 받나요? (get, just, one piece)

_____

3 대한민국은 찬란한 문화를 가지고 있다. (brilliant, culture)

_____

4 많은 사람이 그 영화의 촬영을 보기 위해 모였다. (a lot of, gather, shooting)

_____

5 그 교실에는 의자가 거의 없다. (there)

_____

6 우리 팀은 커다란 잠재력이 있는 젊은 선수들 몇 명을 가지고 있다. (with great potential)

_____

7 우리 팀은 모두 대구(Daegu) 출신이다.

_____

8 많은 축구 스타들이 월드컵에 출전한다. (play)

_____

9 그 올림픽(the Olympic Games) 전에는 아이스 링크가 거의 없었다.

_____

10 지난겨울에 그 도시에는 많은 눈이 내렸다. (there, last, a lot of)

_____

New Words

friendship 우정 | bottle 병 | order 주문하다 | earn 돈을 벌다 | government 정부 | committee 위원회 | spoonful 한 숟가락 | pot 냄비, 솥 | desert 사막 | forgive 용서하다 | sin 죄 | plenty of 풍부한 | information 정보, 안내 | brilliant 찬란한 | culture 문화 | gather 모이다 | shooting 촬영 | potential 잠재력 | ice rink 아이스 링크, 스케이트장

부정대명사

Ⓐ some / any '약간, 조금'

1 some : 긍정문에 주로 쓰인다.

There are **some** cars in the parking lot. 주차장에 차들이 약간 있다.

📌 긍정의 대답을 예상하고 권유를 나타내는 경우에는 의문문에서도 some을 사용한다.

ex Do you want some coffee? 커피 좀 드실래요?

2 any : 부정문이나 의문문에 쓰인다.

Do you have **any** instrument to play now? 지금 연주할 악기가 있나요?

Ⓑ both, every, each

both	둘 다	항상 복수 취급
every	모든	항상 단수 취급
each	각각, 각자	항상 단수 취급

every people ✗

every person ○

Both of them <u>were</u> injured in the war. 그들 둘 다 전쟁에서 부상을 입었다.

Every scientist studies math. 모든 과학자들은 수학을 공부한다.

Each of them <u>was</u> interested in reading novels. 그들 각자 소설 읽기에 관심이 있었다.

Ⓒ 부분부정 「Not + 전체를 나타내는 단어」

'모두가 [언제나] ~한 것은 아니다'로 해석한다.

Not all computer games are exciting. 모든 컴퓨터 게임들이 다 흥미진진한 것은 아니다.

Simple Test

다음 빈칸에 들어갈 알맞은 단어를 적으세요.

1 무슨 문제가 있니? → Do you have _____ problem?

2 그의 모든 친구가 친절하다. → _____ of his friends _____ kind.

3 너희 각자 보고서를 제출해야 한다.

→ _____ of you _____ to submit a report.

4 David와 Jason은 둘 다 밖에서 나는 큰 소리에 놀랐었다.

→ _____ David and Jason _____ surprised by a loud noise outside.

5 모든 독수리는 깃털을 가지고 있다.

→ _____ eagle _____ feathers.

Practice Test ✦◆ ✧

정답 p.09

What's your score? O   개   X   개

다음 괄호 안의 주어진 단어를 이용하여 문장을 완성하세요.

1   모든 사람이 돈을 좋아하는 것은 아니다. (not, everyone)

_____

2   먹을 것을 더 원하니? (something, more)

_____

3   각각의 지원자들은 그 시험을 보아야 한다. (each of, applicants, have to)

_____

4   그 남자 둘 다 Jessica를 좋아한다. (both of)

_____

5   모든 세대는 그 이전 세대를 존중해야 한다. (every, generation, respect, previous)

_____

6   그녀는 아무 말도 하지 않았다. (anything, say)

_____

7   거기에 살아 있는 사람이 있었니? (alive)

_____

8   거의 모든 나라가 평화에 관심이 있다. (almost every, interested in)

_____

9   모든 과학자가 다 똑똑한 것은 아니다. (not every)

_____

10   모든 축구 선수들이 빨리 달리는 것은 아니다. (not all)

_____

Actual Test

정답 p.09

What's your score? O   개 X   개

다음 괄호 안의 주어진 단어를 이용하여 문장을 완성하세요.

1 그의 부모님 두 분 다 건축가이다. (both, architects)

_____

2 우리 학교의 모든 학생은 영어를 잘한다. (every, good at)

_____

3 모든 암컷 새는 알을 낳는다. (female birds, lay, all)

_____

4 모든 선생님이 그녀를 격려한다. (every, encourage)

_____

5 그들은 쌀을 살 돈이 하나도 없었다. (any, rice)

_____

6 누군가가 허락 없이 그 사무실로 들어갔다. (enter, without permission)

_____

7 그들 각자는 그 결과에 대한 책임이 있다. (be responsible for, result)

_____

8 나는 생일에 아무도 집으로 초대하지 않았다. (anybody, for)

_____

9 너희 둘 다 세 시간 동안 기다려야 한다. (have to, for)

_____

10 모든 미국인이 키가 큰 것은 아니다. (not, every)

_____

New Words

parking lot 주차장 | instrument 악기 | injured 부상 입은 | be interested in ~에 흥미가 있다 | novel 소설 | submit 제출하다 |
feather 깃털 | applicant 지원자 | generation 세대 | respect 존경하다, 존중하다 | previous 이전의 | architect 건축가 |
female 여성의, 암컷의 | lay (알을) 낳다 | permission 허락 | be responsible for ~에 책임이 있다 | result 결과 | invite 초대하다

Review Test

(1~10) 다음 빈칸에 들어갈 알맞은 단어를 적으세요.

1 사랑이 우정보다 더 중요하니?

　　　　　　　　　　more important than friendship?

2 탁자 위에 많은 콩이 있다.

There 　　　　　　　beans on the table.

3 탁자 위에 콩이 거의 없다.

There 　　　　　beans on the table.

4 그 연료 탱크 안에는 기름이 거의 없다.

There 　　　　　oil in the gas tank.

5 그 연료 탱크 안에는 기름이 조금 있다.

There 　　　　　　　　　oil in the gas tank.

6 그 극장의 관객은 열정적이었다.

The 　　　　in the theater 　　　　enthusiastic.

7 그 극장의 관객은 모두 성인이었다.

The 　　　　in the theater 　　　all adults.

8 그들은 계약서를 쓰기 위해 단지 세 장의 종이가 필요했다.

They needed just three 　　　　　　paper to write the contract.

9 너와 네 친구 Tony 둘 다 그 행사에 참석해야 한다.

　　　　you and your friend Tony 　　　to participate in the event.

10 너는 기부할 무언가를 가지고 있니?

Do you have 　　　to donate?

(11~20) 다음 괄호 안의 주어진 단어를 이용하여 문장을 완성하세요.

11 모든 동물은 죽는다. (every)

12 그 밀림의 동물들 각각은 살고 싶어 한다. (each of, jungle)

13 그 학생들 모두 키가 크다. (all of the)

14 그녀는 모든 콘서트 티켓을 팔았다. (every, sell, for the concert)

15 모든 새가 다 아름답게 노래하는 것은 아니다. (not every, beautifully)

16 오늘은 서울에 미세 먼지가 거의 없다. (there, fine dust, little)

17 나에게 먹을 것 좀 줘. (something)

18 행복은 측정될 수 없다. (able, measured)

19 그에게 피자 두 조각을 주어라. (pieces of)

20 모든 강아지가 다 귀여운 것은 아니다. (not all)

Ready for Exams*

[01~02] **다음 우리말과 같은 뜻이 되도록 주어진 단어를 바르게 배열하여 영작하시오.**

01

그 공원에는 나무들이 거의 없었다.
(in the park, trees, there, few, were)

→ _____

_____

02

모든 학생들이 그 선생님을 좋아한다.
(student, the, teacher, likes, every)

→ _____

_____

[03~04] **다음 괄호 안에 주어진 단어와 조건을 활용하여 밑줄 친 우리말을 바르게 영작하시오.**

03

모든 축구 선수가 다 빠른 것은 아니다.
(fast, soccer players)

조건 1 부분부정 not all을 사용할 것.
조건 2 be동사를 사용할 것.

→ _____

_____

04

그 아이는 세 잔의 우유를 매일 마신다.
(kid, milk, every day)

조건 glass of를 사용할 것.

→ _____

_____

05 다음 대화를 읽고 주어진 단어를 활용하여 빈칸에 들어갈 알맞은 말을 쓰시오.

M : You look tired today.
W : Yes, I didn't get enough sleep last night.
M : Oh, why don't you go to bed early?
W : Alright, _____ to
listen to when I sleep?
(any, you, have, do, songs, soft)

→ _____

_____

06 다음 중 어법상 또는 의미상 어색한 문장을 모두 찾아 그 기호를 쓰고, 바르게 고쳐 문장을 다시 쓰시오.

ⓐ Each boy waited his turn.
ⓑ He doesn't have some money.
ⓒ Not all singers can dance well.
ⓓ Both you and he looks busy today.
ⓔ There are a little water in the bottle.

(1) (   )
→ _____

(2) (   )
→ _____

_____

(3) (   )
→ _____

_____

Chapter

5

조동사,
비교 구문

UNIT 13 조동사

A 조동사 ①

1 may + 동사원형 : ~일지도 모른다, ~해도 된다

They **may** arrive early. 그들은 일찍 도착할지도 모른다.　　**May** I watch TV now? 지금 TV봐도 될까요?

2 must + 동사원형 : ~해야 한다 (강한 의무)

You **must** call me back. 너는 나에게 전화를 다시 해야 한다.

📌 must be : ~임이 틀림없다 / can't be (= cannot be) : ~일 리가 없다.

　ex He must be her boyfriend. 그는 그녀의 남자친구임이 틀림없다.
　　　He can't be her boyfriend. 그는 그녀의 남자친구일 리가 없다.

3 have [has] to + 동사원형 : ~해야 한다 (must보다는 약한 의무)

I **have to** attend the meeting. 나는 그 회의에 참석해야 한다.

📌 부정형 : don't have to + 동사원형 = don't need to + 동사원형 = need not + 동사원형 : ~할 필요가 없다.

　ex Students don't have to go to school on Sunday. 학생들은 일요일에 학교에 갈 필요가 없다.

4 should / ought to + 동사원형 : ~해야 한다 ↔ should not / ought not to : ~해서는 안 된다

You **shouldn't** throw it away. = You **ought not to** throw it away. 너는 그것을 버려서는 안 된다.

B 조동사 ②

would like to + 동사원형	~하고 싶다
had better + 동사원형 ↔ had better not + 동사원형	~하는 것이 좋겠다 ↔ ~하지 않는 것이 좋겠다
used to + 동사원형	~하곤 했었다(과거의 규칙적 습관), ~이었다(과거의 상태)
would + 동사원형	~하곤 했었다(과거의 불규칙적 습관), ~하려고만 한다(고집)

I **would like to** apply for the company. 나는 그 회사에 지원하고 싶다.

You **had better not** stay there for a long time. 너는 거기에 오래 머물지 않는 것이 좋겠다.

She **used to** go to church when she was upset. 그녀는 속상하면 교회에 가곤 했었다.

When my mother was away, my grandmother **would** look after me.
엄마가 외출하셨을 때면 할머니는 나를 돌봐 주시곤 했다.

You had better go to bed.

Simple Test

다음 빈칸에 들어갈 알맞은 단어를 적으세요.

1 당신의 차를 사용해도 되나요? → _____ I _____ your car?

2 그들은 외교관들임이 틀림없다. → They _____ _____ diplomats.

3 너는 쉬는 게 좋겠다. → You _____ _____ take a rest.

4 그는 아들을 꾸짖을 필요가 없었다. → He _____ _____ to scold his son.

Practice Test

What's your score? O   개   X   개

다음 괄호 안의 주어진 단어를 이용하여 문장을 완성하세요.

1 나는 새 운동화를 사고 싶다. (would like to, sneakers)

_____

2 그는 그 창의적인 아이디어를 포기해야 하니? (have to, creative, give up on)

_____

3 그 소식은 사실일 리가 없다. (news, true)

_____

4 그 소식은 사실임이 틀림없다. (news, true)

_____

5 너는 그것들을 살 필요가 없다. (don't need to)

_____

6 너는 하루에 다섯 시간 이상 공부하지 않는 것이 좋겠다. (had better, over, a day)

_____

7 나는 토요일마다 늦잠을 자곤 했었다. (used to, get up, late)

_____

8 너는 무언가 시원한 것을 사야 한다. (ought to, something cool)

_____

9 너는 그에게 나의 계획을 알려서는 안 된다. (must, inform him of, plans)

_____

10 Michael은 늘 통학 버스에서 Jane 옆에 앉으려고 한다. (would, always, sit, next to)

_____

Actual Test

What's your score? O   개   X   개

다음 괄호 안의 주어진 단어를 이용하여 문장을 완성하세요.

1   너는 여기서 많은 사진을 찍는 것이 좋겠다. (take many pictures)

_____

2   그것은 운석일지도 모른다. (may, meteorite)

_____

3   너는 그 책을 도서관에 반납해야만 한다. (ought to, return)

_____

4   그들은 이탈리아 사람이 틀림없다. (Italian)

_____

5   그들은 이탈리아 사람일 리가 없다. (Italian)

_____

6   그는 매일 아침 7시부터 8시까지 조깅을 하곤 했었다. (used to)

_____

7   너는 그 결과에 대해 책임을 질 필요가 없다. (need not, be responsible for, result)

_____

8   이 폴더의 자료를 삭제해도 되나요? (may, delete, data, folder)

_____

9   나는 많은 돈을 벌고 싶다. (earn, would like to, lots of)

_____

10   너는 이 보고서에 집중할 필요가 있다. (need to, concentrate on)

_____

New Words

throw away ~을 버리다 | apply for ~에 지원하다 | upset 속상한 | diplomat 외교관 | look after ~을 돌보다 | scold 꾸짖다 |
give up (on) ~을 포기하다 | creative 창의적인 | get up late 늦잠 자다 | inform 알리다 | meteorite 운석 | return 반납하다, 돌아오다 |
Italian 이탈리아 사람; 이탈리아의 | jog 조깅을 하다 | be responsible for ~에 책임이 있다 | result 결과 | delete 삭제하다 | data 자료
| earn (돈을) 벌다 | concentrate on ~에 집중하다

UNIT 14 비교 구문

A 원급 비교

1 as 원급 as : ~만큼 …한

He is **as** creative **as** Edison. 그는 에디슨만큼 창의적이다.

📌 「not as [so] + 원급 + as」: ~만큼 …한 것은 아니다.
　ex My hair is not as [so] long as yours. 나의 머리카락은 너의 머리카락만큼 길지 않다.

2 배수/분수 + as 원급 as : (배수/분수) 만큼 ~한 (= 배수/분수 + 비교급 + than)

Kevin's dad is **twice as tall as** Kevin. Kevin의 아빠는 Kevin의 두 배만큼 키가 크다.

This ruler is **one-third as long as** that one. 이 자는 저것의 3분의 1 길이이다.

3 as 원급 as possible = as 원급 as + 주어 + can [could] : 가능한 한 ~한[하게]

Run **as** fast **as possible**! = Run **as** fast **as you can**! 가능한 한 빨리 달려!

B 최상급 비교

최상급 + in + 단수명사 (장소, 집단)	She is **the most** beautiful girl **in** my town. 그녀는 우리 마을에서 가장 아름다운 소녀이다.
최상급 + of + 복수명사 (비교 대상)	He is **the tallest** boy **of** them. 그는 그들 중에 가장 키가 큰 소년이다.
one of the + 최상급 + 복수명사 '가장 ~한 것 중 하나'	Charles Chaplin is **one of the greatest actors** in history. 찰리 채플린은 역사상 가장 위대한 배우 중 한 명이다.

one of the
greatest actors

C 기타 비교 구문

The 비교급 (+ 명사) + 주어 + 동사 ~, the 비교급 (+ 명사) + 주어 + 동사 …	~하면 할수록 더욱 더 …하다
get, become, grow + 비교급 + and + 비교급	점점 더 ~해지다

The more you have, **the more** you want. 가지면 가질수록 점점 더 많이 원한다.

The weather is getting **colder and colder**. 날씨가 점점 더 추워진다.

Simple Test

다음 빈칸에 들어갈 알맞은 단어를 적으세요.

1 그녀는 그 인기 있는 배우만큼 매력적이다.
→ She is _____ attractive _____ the popular actor.

2 내 방은 네 방만큼 지저분한 것은 아니다.
→ My room is _____ _____ messy as your room.

3 그는 우리 학교에서 가장 마른 학생이다.
→ He is the _____ student _____ my school.

Practice Test

What's your score? O   개 X   개

다음 괄호 안의 주어진 단어를 이용하여 문장을 완성하세요.

1   Jack은 John만큼 관대한 것은 아니다. (generous, so, as)

_____

2   그는 가능한 한 열심히 공부했다. (as, possible)

_____

3   더우면 더울수록 사람들은 점점 더 물을 마신다. (the hotter, it, the more water, people)

_____

4   그는 세계에서 가장 뛰어난 축구 선수 중 하나이다. (greatest, one of)

_____

5   그 세 명 중에서 Julie가 가장 어리다. (the three, of)

_____

6   그의 머리는 그녀의 머리보다 두 배 크다. (twice, than)

_____

7   그 거북이는 가능한 한 빨리 움직였다. (turtle, as, could)

_____

8   제주도(Jeju Island)는 세계에서 가장 아름다운 섬 중 하나이다. (the most, islands, one of)

_____

9   우리는 점점 더 늙어가고 있다. (get, older, and)

_____

10   그것은 가장 웃기는 TV 프로그램 중 하나이다. (one of, funniest)

_____

Actual Test ☆

정답 p.11

What's your score? O   개   X   개

다음 괄호 안의 주어진 단어를 이용하여 문장을 완성하세요.

1 지하철은 가장 빠른 교통수단 중 하나이다. (subway, means, transportation)

_____

2 그 두더지는 가능한 한 깊게 땅을 팠다. (mole, possible, dug in the ground)

_____

3 시간이 지남에 따라 우리 팀은 점점 더 강해지고 있다. (get, and, stronger, as, pass by)

_____

4 그의 가방은 그녀의 핸드백보다 세 배 컸다. (three times, as, handbag)

_____

5 김밥(Gimbap)이 순대(Sundae)만큼 맛있는 것은 아니다.

_____

6 그는 어제 그 팀에서 최고의 선수였다. (player, on the team)

_____

7 우리 마을에서 가장 인기 있는 아이는 지민(Jimin)이다. (town)

_____

8 그 새가 높이 날면 날수록 더 멀리 볼 수 있었다. (the higher, the farther)

_____

9 그녀는 가능한 한 빨리 집에 돌아가고 싶었다. (soon, go back)

_____

10 배는 가장 맛있는 과일들 중 하나이다. (pears, fruits)

_____

New Words

creative 창의적인 | attractive 매력적인 | messy 지저분한 | thin 마른 | generous 관대한 | head 머리 | turtle 거북이 |
island 섬 | means 수단 | transportation 교통 | mole 두더지 | dug dig(파다)의 과거, 과거분사 | deep 깊게; 깊은 | pass by
지나가다 | town (소)도시, 마을 | flew fly(날다)의 과거 | farther far(멀리)의 비교급 | pear 배

Review Test

(1~10) 다음 빈칸에 들어갈 알맞은 단어를 적으세요.

1 그는 매일 아침 7시에 산책을 하곤 했었다.

He ☐☐☐☐☐☐ ☐☐☐☐☐☐ ☐☐☐☐☐☐ a walk at seven every morning.

2 너는 은행 계좌를 개설하는 게 좋겠다.

You ☐☐☐☐☐ ☐☐☐☐☐☐ open a bank account.

3 나는 약간의 맛있는 스파게티를 먹고 싶다.

I ☐☐☐☐ like ☐☐☐☐☐☐ ☐☐☐☐☐☐ some delicious spaghetti.

4 너는 매일 일기를 써야 한다.

You ☐☐☐☐☐ ☐☐☐☐☐☐ write in your diary every day.

5 그녀는 요즈음 점점 더 말라가고 있다.

She is ☐☐☐☐☐ ☐☐☐☐☐☐ and ☐☐☐☐☐☐ these days.

6 그는 가능한 한 빨리 그녀를 보고 싶어했다.

He wanted to see her as ☐☐☐☐☐☐ ☐☐☐☐☐☐ ☐☐☐☐☐☐ .

7 왜 그들은 그를 기다려야 하나요?

Why ☐☐☐☐☐ they ☐☐☐☐☐☐ to wait for him?

8 너는 더 많이 먹을수록 점점 더 뚱뚱해진다.

☐☐☐☐☐☐ ☐☐☐☐☐☐ you eat, ☐☐☐☐☐☐ ☐☐☐☐☐☐ you get.

9 네가 너무 자주 영화를 보러 가지 않는 것이 좋겠다.

You ☐☐☐☐☐☐ ☐☐☐☐☐☐ not go to the movies too often.

10 캐나다는 세계에서 가장 아름다운 나라 중 하나이다.

Canada is ☐☐☐☐☐ of ☐☐☐☐☐ ☐☐☐☐☐☐ beautiful ☐☐☐☐☐☐ in the world.

(11~20) 다음 괄호 안의 주어진 단어를 이용하여 문장을 완성하세요.

11 나는 프랑스어를 배우고 싶다. (would like)

12 기타 연주는 가장 재미있는 취미 중 하나이다. (one of, interesting)

13 그녀는 나보다 두 배 바쁘다. (as, twice)

14 솔로몬(Solomon)은 성경에서 가장 지혜로운 왕 중의 하나였다. (wise, in the Bible)

15 John의 회사는 가장 신뢰할 수 있는 회사 중 하나다. (trustworthy, one of)

16 그들은 대학교수임이 틀림없다. (professors)

17 그들은 대학교수일 리가 없다. (professors)

18 너는 과거를 그리워할 필요가 없다. (need not, the past)

19 그는 우리 삼촌보다 힘이 센 것은 아니다. (not, as, my)

20 그는 심심할 때면 야구장에 가곤 했다. (would, when, ballpark)

Ready for Exams

What's your score? O 　 개 X 　 개

[01~02] 다음 우리말과 같은 뜻이 되도록 주어진 단어를 바르게 배열하여 영작하시오.

01

나는 지금 당장 미국으로 가고 싶다.
(I, to, go, to, right, now, America, would, like)

→ _____

_____

02

그 음식은 치킨만큼 맛있었다.
(the, food, delicious, as, was, chicken, as)

→ _____

_____

[03~04] 다음 괄호 안에 주어진 단어와 조건을 활용하여 밑줄 친 우리말을 바르게 영작하시오.

03

네가 더 열심히 운동할수록 너는 더 건강해질 것이다.
(exercise, healthy, hard, be)

조건 1 the 비교급을 사용할 것.
조건 2 9단어로 쓸 것.

→ _____

_____

04

너는 너무 늦게까지 깨어있지 않는 게 좋겠다.
(too late, stay up)

조건 1 had better를 사용할 것.
조건 2 8단어로 쓸 것.

→ _____

_____

05 다음 대화를 읽고 주어진 단어를 활용하여 밑줄 친 우리말을 바르게 영작하시오.

W : What are you doing now?
M : I am playing a game.
W : Oh, no. 가능한 한 빨리 너의 숙제를 끝내라.
　　　　　(quickly, finish, possible)
M : Yes, Mom.

→ _____

_____

06 다음 중 어법상 또는 의미상 어색한 문장을 모두 찾아 그 기호를 쓰고, 바르게 고쳐 문장을 다시 쓰시오.

ⓐ He must be a good man.
ⓑ She doesn't has to report the task.
ⓒ My homework is getting hard and harder.
ⓓ They used to visit the museum in the city.
ⓔ He is one of the tallest student in his town.

(1) (　　　)
→ _____

_____

(2) (　　　)
→ _____

_____

(3) (　　　)
→ _____

_____

Chapter

6

현재완료

UNIT 15 현재완료의 형태와 용법

A 현재완료의 형태와 의미

1 형태 : have [has] + p.p. (과거분사)

2 의미 : 과거의 어느 한 시점에서 현재까지 영향을 미치는 경우에 쓴다.

He **has lived** in Seoul since 2020. 그는 2020년부터 서울에 살고 있다.

B 현재완료의 부정문과 의문문

1 부정문 : have [has] + not [never] + p.p. (과거분사)

He **has not met** her before. 그는 전에 그녀를 만난 적이 없다.

2 의문문

Have [Has] + 주어 + p.p.(과거분사) ~?	**Have** you **seen** my glasses? 내 안경을 본 적 있니?
의문사 + have [has] + 주어 + p.p.(과거분사) ~?	**How long have** you **studied** English? 너는 얼마나 오래 영어를 공부해 왔니?

C 현재완료의 용법 : 완료, 결과, 경험, 계속 💬 '완결경계'라고 외우면 쉽다.

1 완료 : '막 ~했다'

She **has already done** the dishes. 그녀는 벌써 설거지를 끝냈다.

🚩 just(막), already(벌써), yet(아직) 등과 주로 함께 쓴다.

2 결과 : '~해 버렸다' (그래서 지금은 …하다)

Jane **has lost** her bag. Jane은 가방을 잃어버렸다. (그래서 지금 없다.)

3 경험 : '~한 적이 있다'

Have you **ever eaten** Indian food? 인도 음식을 먹어 본 적이 있니?

🚩 ever, never, before, 횟수를 나타내는 단어(once 등)와 주로 함께 쓴다.

현재완료는 완결경계!

4 계속 : '~해 오고 있다'

They **have learned** the guitar **since** last year. 그들은 작년부터 기타를 배워 왔다.

🚩 for, since, how long 등과 주로 함께 쓴다.

Simple Test

다음 빈칸에 들어갈 알맞은 단어를 적으세요.

1 그는 숙제를 벌써 끝냈다. → He _____ already _____ his homework.

2 그 아기는 오전 내내 계속 울고 있다.

→ The baby _____ _____ all morning.

3 그는 그녀를 한 번도 방문한 적이 없다. → He _____ _____ visited her.

Practice Test

What's your score? O   개   X   개

다음 괄호 안의 주어진 단어를 이용하여 문장을 완성하세요.

1 그녀는 파리(Paris)를 한 번 방문한 적이 있다. (visit, once)

_____

2 Robert는 그의 새 자전거를 잃어버렸다. (그래서 지금 없다.) (lose, bicycle)

_____

3 그는 아직 그의 차를 팔지 않았다. (sell)

_____

4 누군가가 방금 그 문을 열었다. (somebody, just)

_____

5 Steve는 어제부터 아팠다. (be, since)

_____

6 너는 Alice를 서울에서 본 적이 있니? (ever)

_____

7 그녀는 기타를 연주해 본 적이 한 번도 없다. (never)

_____

8 그 화가는 지난주부터 세 점의 초상화를 그렸다. (draw, portraits, since)

_____

9 너는 여름방학 계획을 세웠니? (make plans)

_____

10 그는 어제부터 아무것도 먹지 못했다. (anything, since)

_____

Actual Test

정답 p.12

What's your score? O 개 X 개

다음 괄호 안의 주어진 단어를 이용하여 문장을 완성하세요.

1 나는 이런 종류의 위기를 전에 극복한 적이 있다. (crisis, overcome, kind, before)

_____

2 그는 지난여름 이후로 얼마나 많은 고객을 만났니? (customers)

_____

3 너는 아직도 너의 과제를 끝내지 못했니? (yet, assignment)

_____

4 그 회사는 1928년부터 차를 생산해 왔다. (since)

_____

5 그들은 그 전통시장에서 30년 동안 두부를 팔아 왔다. (tofu, at the traditional market, for)

_____

6 그 사과는 나무로부터 막 떨어졌다. (fall down from, just)

_____

7 나는 지난주부터 휴가 중이다. (on vacation)

_____

8 그는 10년 동안 런던(London)에서 살고 있다.

_____

9 나의 엄마는 13년 동안 나를 위해 기도해 왔다. (for, pray)

_____

10 그 어부는 고래를 본 적이 한 번도 없다. (fisherman, whale)

_____

New Words

sold sell(팔다)의 과거, 과거분사 | **painter** 화가 | **portrait** 초상화 | **drawn** draw(그리다)의 과거분사 | **plan** 계획 | **kind** 종류; 친절한 | **crisis** 위기 | **overcome** 극복하다 | **customer** 고객 | **assignment** 과제 | **produce** 생산하다 | **tofu** 두부 | **traditional market** 전통시장 | **pray** 기도하다 | **fisherman** 어부 | **whale** 고래

UNIT 16 주의해야 할 현재완료

A 현재완료와 과거형의 비교

1 과거형 : 과거의 한 시점만을 표현한다.

He **lost** his bicycle **yesterday**. 그는 어제 자전거를 잃어버렸다. (지금은 찾았는지 아닌지 모름)

📌 과거의 특정 시점을 나타내는 표현(last, yesterday, ago 등)과 함께 쓰인다.

2 현재완료 : 과거로부터 시작해서 현재에도 유지되는 것을 표현한다.

He **has lost** his bicycle. 그는 자전거를 잃어버렸다. (지금도 잃어버린 상태가 계속됨)

He **has lost** his bicycle **yesterday**. (X)   **When has** he **lost** his bicycle? (X)

📌 현재완료는 과거의 특정 시점을 나타내는 단어와 함께 쓸 수 없다.

B have been to와 have gone to

1 have been to : ~에 가본 적이 있다

I have been to Japan twice. 나는 일본에 두 번 가본 적이 있다.

2 have gone to : ~에 가버렸다 (가버리고 지금 이 자리에 없음)

He has gone to Japan. 그는 일본에 가버렸다.

📌 일반적으로 1인칭, 2인칭에서는 have gone to를 쓰지 않는다.

Simple Test

다음 빈칸에 들어갈 알맞은 단어를 적으세요.

1 아버지는 작년에 사업을 시작하셨다.
→ My father _____ a business _____ year.

2 아버지는 작년 이후로 사업을 해 오셨다.
→ My father _____ run a business _____ last year.

3 그는 북극에 가본 적이 있다.
→ He _____ _____ to the Arctic.

4 그는 북극에 가버리고 없다.
→ He _____ _____ to the Arctic.

5 그녀는 어제 인천으로 이사 갔다.
→ She _____ to Incheon yesterday.

6 그녀는 막 인천으로 이사 갔다.
→ She _____ just _____ to Incheon.

Practice Test

What's your score?   O   개   X   개

다음 괄호 안의 주어진 단어와 조건을 이용하여 문장을 완성하세요.

1 그 다섯 명의 어린이는 어제 박물관을 방문했다. (museum)

_____

2 그 다섯 명의 어린이는 전에 그 박물관을 방문한 적이 있다.

_____

3 그 부자 상인은 어제 그의 자동차를 잃어버렸다. (merchant, lose)

_____

4 그 부자 상인은 그의 자동차를 잃어버렸다. (아직 못 찾음)

_____

5 그들은 공연을 위해 지난주에 런던(London)에 갔다. (for a concert)

_____

6 그들은 공연을 위해 런던(London)으로 갔다. (가버리고 없음)

_____

7 Tom과 Jerry는 10년 전에 서로 처음으로 만났다. (ago, for the first time)

_____

8 Tom과 Jerry는 그때 이후로 서울역(Seoul Station)에서 종종 만나 왔다. (since then)

_____

9 나는 지난여름에 그녀를 만났다. (last)

_____

10 나는 지난여름부터 자주 그녀를 만나 왔다. (since, last)

_____

Actual Test ☆☆

What's your score? O   개   X   개

다음 괄호 안의 주어진 단어와 조건을 이용하여 문장을 완성하세요.

1 Jack은 5년 전에 보스턴(Boston)으로 이사 갔다. (move, ago)

_____

2 Jack은 막 보스턴(Boston)으로 이사했다.

_____

3 나는 독도(Dokdo)에 한 번도 가본 적이 없다. (never)

_____

4 나는 작년에 독도(Dokdo)에 가지 않았다. (last)

_____

5 나는 어제 열이 났다. (have a fever)

_____

6 나는 어제부터 열이 났다. (지금도 열이 나고 있음)

_____

7 그 잘생긴 세 남자는 오랫동안 Leo의 친구였다. (handsome men, for a long time)

_____

8 민호(Minho)는 작년부터 여자 친구가 없었다. (have a girlfriend, since)

_____

9 그는 중국으로 가버렸니? (go to)

_____

10 너는 전에 브라질(Brazil)에 가 본 적이 있니? (ever, before)

_____

New Words

run 운영하다 | Arctic 북극 | move 옮기다, 이사하다 | museum 박물관 | merchant 상인 | each other 서로 | then 그때 | for the first time 처음으로 | station 역 | fever 열 | girlfriend 여자 친구

Review Test

(1~10) 다음 빈칸에 들어갈 알맞은 단어를 적으세요.

1 너는 전에 캐나다에 가본 적이 있니?

    _____ you ever _____ _____ Canada _____ ?

2 그는 아침 일찍부터 열심히 일해 왔다.

    He _____ _____ hard _____ the early morning.

3 그녀는 고향으로 가버렸다.

    She _____ _____ to her hometown.

4 그는 막 숙제를 끝냈다.

    He _____ _____ finished his homework.

5 그들은 어제 부산으로 갔다.

    They _____ _____ Busan _____ .

6 너는 얼마나 오래 피아노를 쳐 왔니?

    How _____ _____ you _____ the piano?

7 나의 삼촌은 지난주에 새 차를 샀다.

    My uncle _____ a new car _____ _____ .

8 나는 대한민국 대통령을 한 번도 본 적이 없다.

    I _____ _____ _____ the president of Korea.

9 그녀는 아직 자전거를 타본 적이 없다.

    She _____ _____ a bicycle _____ .

10 그는 2년이 넘는 기간 동안 매일 운동을 해 왔다.

    He _____ _____ daily _____ over two years.

(11~20) 다음 괄호 안의 주어진 단어를 이용하여 문장을 완성하세요.

11 나는 절대로 너희를 배신한 적이 없다. (never, betray)

12 그녀는 어린시절부터 그 오래된 책들을 보관해 왔다. (keep, childhood, since)

13 너는 스페인 음식을 맛본 적이 있니? (ever, taste, Spanish)

14 그는 그의 업무를 막 끝냈다. (finish, task)

15 David는 늘 사랑으로 그의 학생들을 가르쳐 왔다. (always, with love)

16 나는 제주도(Jeju Island)에서 말을 두 번 타 본 적이 있다. (ride, twice)

17 그는 교통사고 이후에 기억을 잃어버렸다. (기억이 돌아오지 않음) (car accident, after, lose his memory)

18 그는 10년 전에 우연히 그 배우를 캐스팅했다. (cast, by chance)

19 Rachel은 아프리카에 몇 번 갔다 온 적이 있다. (several times)

20 Robin은 아직도 일어나지 않았다. (get up, yet)

Ready for Exams

[01~02] 다음 우리말과 같은 뜻이 되도록 주어진 단어를 바르게 배열하여 영작하시오.

01

그녀는 전에 그를 만난 적이 있다.
(met, before, him, has, she)

→ _____

_____

02

그들은 3년 동안 여기서 빵을 팔아왔다.
(they, three, years, bread, sold, have, here, for)

→ _____

_____

[03~04] 다음 괄호 안에 주어진 단어와 조건을 활용하여 밑줄 친 우리말을 바르게 영작하시오.

03

나의 할머니는 2020년 이후로 부산에 살고 계신다.
(live, in, Busan)

조건 1 현재완료 형태로 쓸 것.
조건 2 since를 사용할 것.

→ _____

_____

04

너는 전에 독일에 가본 적이 있니?
(be, to, Germany, ever, before)

조건 1 현재완료 형태로 쓸 것.
조건 2 7단어로 쓸 것.

→ _____

_____

05 다음 대화를 읽고 주어진 단어를 활용하여 밑줄 친 우리말을 바르게 영작하시오.

W : Did you wash your car?
M : Sure. What about you?
W : 나는 아직 내 차를 세차하지 못했어. (have, yet)
M : You had better do it quickly. We have to leave tomorrow.

→ _____

06 다음 중 어법상 또는 의미상 어색한 문장을 찾아 그 기호를 쓰고, 바르게 고쳐 문장을 다시 쓰시오.

ⓐ I have gone to Japan twice.
ⓑ He has left Seoul three days ago.
ⓒ How long have you learned tennis?
ⓓ She has just finished her homework.
ⓔ When have you taught those students?

(1) ( )

→ _____

_____

(2) ( )

→ _____

_____

(3) ( )

→ _____

_____

Chapter

7

수동태

수동태의 의미와 형태

A 수동태의 의미와 형태

1 의미 : 주어가 동작을 받는 대상이 된다. (주어가 당하는 것)

2 형태 : 「be동사 + p.p. (과거분사) + by + 목적격」

3 능동태의 수동태로의 전환 : 주어와 목적어의 위치를 바꾼다.

They **broke** the window. (능동태) 그들은 그 창문을 깼다.

→ The window **was broken by** them. (수동태) 그 창문은 그들에 의해 깨졌다.

B 수동태의 시제와 생략

1 수동태의 시제 : 현재 「am, are, is + p.p.」 / 과거 「was, were + p.p.」 / 미래 「will be + p.p.」

This office **will be used by** Jack. 이 사무실은 Jack에 의해 사용될 것이다.

2 행위자가 일반인이거나 불분명한 경우에는 「by + 목적격」을 생략할 수 있다.

English **is spoken** in many countries. 영어는 많은 국가에서 말해진다.

📌 by people이 생략되어 있다.

C 의문문 수동태

1 의문사가 없는 경우 : be동사 + 주어 + p.p. ~?

Is this seat **taken**? 여기 자리 있나요? (이 자리 take 되었나요?)

2 의문사가 있고 주어가 있는 경우 : 의문사 + be동사 + 주어 + p.p. ~?

When **was** the rabbit **hunted by** the hunter? 언제 그 토끼가 그 사냥꾼에게 사냥되었나요?

3 의문사가 주어일 경우 : By + 의문사 + be동사 + 주어 + p.p. ~?

By whom **was** the package **sent**? 그 소포는 누구에 의해 보내졌니?

Simple Test

다음 빈칸에 들어갈 알맞은 단어를 적으세요.

1 그는 1990년에 태어났다. → He ＿＿＿＿＿＿ ＿＿＿＿＿＿ in 1990.

2 그 나무는 태풍에 의해 쓰러졌다. (knock over)

→ The tree ＿＿＿＿＿ ＿＿＿＿＿ ＿＿＿＿＿ by the typhoon.

3 이 책은 나의 삼촌에 의해 쓰여졌다.

→ This book was ＿＿＿＿＿ ＿＿＿＿＿ my uncle.

4 그 군인은 적군에게 죽임을 당했니?

→ ＿＿＿＿＿ the soldier ＿＿＿＿＿ by an enemy soldier?

Practice Test

What's your score? ○ 　개 X 　개

다음 우리말을 수동태 문장으로 영작하세요.

1 어제 내 USB를 도둑맞았다. (steal)

_____

2 그녀의 차는 주말마다 세차가 된다. (wash, every)

_____

3 그 유언장은 영어로 작성되었다. (will, in)

_____

4 그 도둑은 한 시민에 의해 잡혔다. (thief, citizen, catch)

_____

5 갑자기, 그 문이 세게 닫혔다. (suddenly, strongly)

_____

6 이 약은 어린이들에게 제공되어서는 안 된다. (medicine, should not, give)

_____

7 <별이 빛나는 밤>(_The Starry Night_)은 고흐(Gogh)에 의해 그려졌다. (paint)

_____

8 오늘의 저녁 식사는 그 요리사에 의해 준비될 것이다. (today's, will, prepare, chef)

_____

9 대한민국은 일본에 36년 동안 점령당했다. (occupy)

_____

10 성경은 전 세계에 알려져 있고 읽혀진다. (the Bible, all over the world)

_____

Actual Test ☆☆

What's your score? O ___ 개 X ___ 개

다음 우리말을 수동태 문장으로 영작하세요.

1 이 노래는 얼마나 많은 사람에 의해 불렸니? (sing)

_____

2 그 길은 명확하게 보이지 않을 것이다. (road, clearly)

_____

3 이 기록은 결코 깨질 수 없을 것이다. (break, record, never)

_____

4 여기에서는 밤에 많은 별이 보인다. (many)

_____

5 얼마나 많은 기사들이 그 기자에 의해 작성되었니? (articles, journalist, write)

_____

6 누구에 의해 그 기계가 만들어졌니? (machine, create)

_____

7 이 컴퓨터는 바이러스에 공격당했니? (attack, a virus)

_____

8 오늘의 수업이 취소되었다. (cancel)

_____

9 그 과제를 마치기 위해 10분이 그에게 주어졌다. (assignment, finish)

_____

10 우리 팀에서 이기적인 행동은 허락되지 않는다. (selfish behavior, allow)

_____

New Words

package 소포 | typhoon 태풍 | enemy 적 | will 유언장 | thief 도둑 | citizen 시민 | suddenly 갑자기 | strongly 세게 | medicine 약 | prepare 준비하다 | occupy 차지하다, 점령하다 | clearly 선명하게, 명확하게 | break a record 기록을 깨다 | article 기사 | journalist 기자 | machine 기계 | create 창조하다 | attack 공격하다 | cancel 취소하다 | assignment 과제 | selfish 이기적인 | behavior 행동 | allow 허락하다

수동태의 여러 가지 형태

A 동사구의 수동태

동사구는 「동사 + 전치사」 또는 「동사 + 명사 + 전치사」로 이루어진 것을 말하며,
수동태를 만들 때 하나의 동사처럼 묶음으로 생각해야 한다.

She takes care of the kids every day. 그녀는 매일 그 아이들을 돌본다.
→ The kids **are taken care of** by her every day. 그 아이들은 매일 그녀에 의해 돌보아진다.

B 4형식의 수동태

1 4형식 문장을 3형식 문장으로 전환할 때

He gave me a new bicycle. 그는 나에게 새 자전거를 사 주었다.

→ I **was given** a new bicycle by him. (간접목적어를 주어로 쓸 때)
→ A new bicycle **was given to** me by him. (직접목적어를 주어로 쓸 때)

2 수동태에 직접목적어만 주어로 쓸 수 있는 동사

ex make, read, sell, get, buy, write, cook, send 등

She bought her son a hamburger. 그녀는 아들에게 햄버거를 사 주었다.

→ Her son was bought a hamburger by her. (X) (간접목적어를 주어로 수동태 사용 불가)
→ **A hamburger was bought** for her son by her. (O) (직접목적어를 주어로 수동태 사용 가능)

3 by 이외의 전치사를 쓰는 수동태

be interested in	~에 흥미가 있다	be worried about	~에 대해 걱정하다
be filled with	~로 가득 차다	be pleased with	~에 기뻐하다
be surprised at	~에 놀라다	be made of [from]	~로 만들어지다
be covered with	~로 덮여 있다	be known to	~에게 알려지다
be satisfied with	~에 만족하다	be known as	~로서 알려지다
be disappointed with	~에 실망하다	be married to	~와 결혼하다

Simple Test

다음 빈칸에 들어갈 알맞은 단어를 적으세요.

1 그는 자신감으로 가득 차 있었다. → He _____ filled _____ confidence.

2 그 선생님은 Teddy의 대답에 만족했다.
→ The teacher _____ _____ with Teddy's answer.

3 그녀는 음식의 질에 실망했다.
→ She _____ _____ _____ the quality of food.

Practice Test

What's your score? O　　개　X　　개

다음 우리말을 수동태 문장으로 영작하세요.

1 그 광대는 몇몇 사람들에게 비웃음을 당했다. (clown, laugh at, several)

_____

2 그는 그 결과에 만족하지 못했다. (satisfied, result)

_____

3 나는 아빠에게 새 신발을 받았다. (새 신발을 주어로) (new shoes, get, for, by, Dad)

_____

4 그 경기는 비로 인해 연기되었다. (put off, because of)

_____

5 그 아기의 방은 많은 풍선으로 가득 차 있었다. (filled, balloons)

_____

6 너희는 그 상에 만족하니? (satisfied, prize)

_____

7 Ben과 Jolly는 서로 행복하게 결혼한 상태이다. (be married to, happily)

_____

8 타지마할(Taj Mahal)은 영원한 사랑의 상징으로 알려져 있다. (eternal, symbol)

_____

9 그들은 그 소식에 매우 놀랐다. (news, surprised)

_____

10 우리는 그녀의 회복에 기뻤다. (pleased, recovery)

_____

Actual Test

정답 p.14

What's your score? O   개 X   개

다음 우리말을 수동태 문장으로 영작하세요.

1   그녀가 그 우산을 받았니? (우산을 주어로)

_____

2   이 우체통은 나무로 만들어졌다. (mailbox, wood)

_____

3   나의 할머니는 아직도 나에 대해 걱정하신다. (still)

_____

4   TV가 정전으로 꺼졌다. (the blackout, turn off, because of)

_____

5   그 가수는 오디션 프로그램을 통해 대중에게 알려졌다. (audition program, the public)

_____

6   그 오래된 도시는 안개로 덮여 있었다. (fog)

_____

7   그 계획은 그들에 의해 내일 아침에 실행될 것이다. (carry out, plan)

_____

8   그 잃어버린 열쇠는 나에 의해 모든 곳에서 찾아졌다. (look for, lost, everywhere)

_____

9   그녀는 그의 성적에 실망했니? (grade)

_____

10   그는 축구 선수들의 이름을 외우는 것에 흥미가 있다. (memorize)

_____

New Words

take care of 돌보다 | confidence 자신감 | quality 질 | clown 광대 | several 몇몇의 | laugh at ~을 비웃다 | result 결과 |
put off ~을 연기하다 | prize 상 | eternal 영원한 | recovery 회복 | still 아직도 | blackout 정전 | public 대중 | fog 안개 |
carry out ~을 수행하다, 실행하다 | everywhere 모든 곳에서 | grade 성적 | disappointed 실망한 | memorize 암기하다, 외우다

Review Test

(1~10) 다음 빈칸에 들어갈 알맞은 단어를 적으세요.

1 Jack은 그의 할머니로부터 사랑을 많이 받았다.

Jack _____ _____ _____ his grandmother very much.

2 그녀는 백만장자와 결혼했다.

She _____ _____ _____ a millionaire.

3 K-Pop은 세계의 많은 사람에 의해 불려진다.

K-Pop _____ _____ _____ many people in the world.

4 그 초대장은 너의 친구에 의해 보내졌니?

_____ the invitation _____ _____ your friend?

5 빵은 밀가루로 만들어진다.

Bread is _____ _____ flour.

6 아무도 그 지진으로 인해 다치지 않았다.

Nobody _____ _____ _____ the earthquake.

7 그 공은 그 선수에 의해 세게 던져졌다.

The ball _____ _____ strongly _____ the player.

8 스물 세 명의 축구 선수들이 그 감독에 의해 부름을 받았다. (call up)

Twenty-three soccer players _____ _____ _____ _____ the coach.

9 그는 낚시에 흥미가 있니?

_____ he _____ _____ fishing?

10 저 빌딩은 우리 회사에 의해 내년에 완공될 것이다. (complete)

That building _____ _____ _____ by our company next year.

(11~20) 다음 괄호 안의 주어진 단어를 이용하여 문장을 완성하세요.

11 이 보물은 쉽게 발견될 수 없다. (treasure, discover)

12 지구는 외계인에 의해 공격받을지도 모른다. (may, attack, aliens)

13 그 신발은 가죽으로 만들어지지 않는다. (shoes, leather)

14 그 산의 꼭대기는 눈으로 덮여 있다. (top, cover)

15 누구에 의해 그 노래가 작곡되었니? (by whom, compose)

16 모든 신입생들은 태블릿 PC 한 대를 받았다. (tablet PC, give, freshman, every)

17 너의 컴퓨터가 너희 아빠에 의해 꺼졌니? (turn off)

18 Alexander는 Rachel과 결혼했다.

19 그 프로그램은 많은 사람에게 사랑받았다. (many)

20 이 더러운 연못에서 물고기가 보일 리 없다. (pond)

Ready for Exams

[01~02] 다음 우리말과 같은 뜻이 되도록 주어진 단어를 바르게 배열하여 영작하시오.

01

이 만화책은 나의 삼촌에 의해 쓰여졌다.
(this, my, comic book, uncle, written, was, by)

→ _____

_____

02

그 소녀는 귀여운 인형들을 수집하는 데 흥미가 있다.
(the, girl, cute, dolls, interested, is, collecting, in)

→ _____

_____

[03~04] 다음 괄호 안에 주어진 단어와 조건을 활용하여 밑줄 친 우리말을 바르게 영작하시오.

03

이 어려운 프로젝트는 그 위원회에 의해 완료되어야 한다. (project, should, difficult, complete, the committee)

조건 1 조동사의 수동태 형태를 사용할 것.
조건 2 9단어로 쓸 것.

→ _____

_____

04

그들은 그의 태도에 실망했었다.
(attitude, disappoint)

조건 1 수동태 형태를 사용할 것.
조건 2 과거형으로 쓸 것.

→ _____

_____

05 다음 대화를 읽고 주어진 단어를 활용하여 밑줄 친 우리말을 바르게 영작하시오.

W : Wow, this coffee machine is cool.
M : Yes, it's great.
W : Are you alright? You seem a little bit sad.
M : <u>그것은 내일 누군가에 의해 팔릴 거야.</u>
   (will, sell, someone)

→ _____

06 다음 중 어법상 또는 의미상 어색한 문장을 찾아 그 기호를 쓰고, 바르게 고쳐 문장을 다시 쓰시오.

ⓐ He is well known to children.
ⓑ Whom was the book written?
ⓒ I am worried in the test score.
ⓓ She was surprised at the bad news.
ⓔ The stadium is filled of a lot of people.

(1) (   )

→ _____

(2) (   )

→ _____

_____

(3) (   )

→ _____

_____

Chapter

8

관계대명사

UNIT 19 관계대명사의 종류

관계대명사는 두 문장을 연결해 주는 역할을 하며, 앞에 오는 명사인 선행사를 꾸며준다.

Ⓐ 관계대명사 who, which, that, what

1 who : 선행사가 사람일 경우

I know the man. He is a famous soccer player. 나는 그 남자를 안다. 그는 유명한 축구 선수이다.

→ I know **the man who** is a famous soccer player. 나는 유명한 축구 선수인 그 남자를 안다.
　　　　　　선행사　관계대명사

2 which : 선행사가 동물이나 사물일 경우

Yumi has a puppy. It is very cute. 유미는 강아지를 가지고 있다. 그것은 매우 귀엽다.

→ Yumi has **a puppy which** is very cute. 유미는 매우 귀여운 강아지를 가지고 있다.
　　　　　　선행사　관계대명사

3 that : 선행사가 사람, 동물, 사물일 때 모두 사용 가능하며, who나 which 대신 사용 가능하다.

I know the girl **who [that]** is kind. 나는 친절한 그 소녀를 안다.

He bought the car **which [that]** is eco-friendly. 그는 친환경적인 그 차를 샀다.

📌 단, ① 선행사가 「사람 + 동물」일 경우 ② 최상급, 서수, the very, the only, the same, all, every, any, no, -thing 등이 선행사에 있는 경우에는 that만 쓸 수 있다.

　　ex A whale is **the only** mammal **that** lives in the sea. 고래는 바다에 사는 유일한 포유류이다.

4 what : 선행사를 포함하고 있는 관계대명사로, the thing(s) that으로 바꾸어 쓸 수 있다.

Show me **what** you have. (= Show me **the thing that** you have.) 네가 가지고 있는 것을 보여줘.

Ⓑ 관계대명사의 계속적 용법

관계대명사 앞에 쉼표(,)가 있는 경우이다. 해석은 문장 순서대로 하며, 「접속사 + 대명사」로 바꾸어 쓸 수 있다.

He has two sons, **who** are doctors. 그는 아들이 둘 있는데 의사들이다. (아들이 두 명만 있음)

He has two sons **who** are doctors. 그는 의사인 아들 둘이 있다. (아들이 더 있을 수도 있음)

📌 단, who와 which 앞에만 쉼표를 붙일 수 있고, that 앞에는 붙일 수 없다.

Simple Test

다음 빈칸에 들어갈 알맞은 단어를 적으세요.

1 나는 성실한 사람과 결혼하고 싶다.

→ I want to marry a person _____ _____ diligent.

2 나는 공원에서 놀고 있는 한 소년을 봤다.

→ I saw a boy _____ _____ playing in the park.

3 Terry의 무릎 위에 앉아 있는 저것은 내 강아지이다.

→ That is my puppy _____ _____ _____ on Terry's lap.

Practice Test

What's your score? O   개 X   개

다음 괄호 안의 주어진 단어를 이용하여 문장을 완성하세요.

1   나는 남아프리카 공화국(South Africa)에서 온 한 소년을 안다. (from)

_____

2   우리는 어제 상태가 좋은 중고차를 하나 샀다. (used car, in good condition)

_____

3   나의 삼촌은 큰 버스들을 수리하는 정비공이다. (mechanic, fix)

_____

4   Edmund Hillary는 에베레스트 산(Mt. Everest)을 정복한 최초의 사람이었다. (conquer, the first)

_____

5   이것이 내가 원하는 것이다. (what)

_____

6   나는 많은 유명한 소설을 쓴 그 남자를 만났다. (a lot of, novels)

_____

7   Nathan은 나에게 아주 튼튼한 자전거를 사주었다. (strong)

_____

8   나는 토론토(Toronto)에 사는 친구가 있다.

_____

9   나를 좋아하는 그 남자는 농구 선수이다. (basketball player)

_____

10   이것은 부산(Busan)까지 가는 가장 빠른 기차이다. (fast, train, go)

_____

Actual Test

정답 p.15

What's your score? O   개   X   개

다음 괄호 안의 주어진 단어와 조건을 이용하여 문장을 완성하세요.

1   나는 자전거가 하나 있는데 그것은 낡았다. (which, 계속적 용법)

_____

2   그녀는 James를 만났고, 그는 그녀를 파티에 데려갔다. (who, take, 계속적 용법)

_____

3   나는 지난여름에 네가 한 일을 알고 있다. (what)

_____

4   그는 나에게 향기가 좋은 꽃을 사주었다. (smell, flowers, 4형식)

_____

5   나를 불렀던 그 남자는 일본인이었다. (Japanese)

_____

6   나는 내 친구 중 한 명을 좋아하는 그 남자를 좋아하지 않는다. (who)

_____

7   나는 신발 두 켤레를 샀고, 그것들은 둘 다 검은색이다. (two pairs of, both, 계속적 용법)

_____

8   그는 그 공장에서 매우 중요한 문서들을 발견했다. (documents, factory, which)

_____

9   이 사람이 돌을 모으는 데 관심이 있는 그 남자니? (interested in, rock collecting)

_____

10   나는 말하지 못하는 앵무새를 하나 가지고 있다. (parrot, talk)

_____

New Words

eco-friendly 친환경적인, 환경 친화적인 | diligent 부지런한 | lap 무릎 | used 중고의 | mechanic 정비공 | condition 상태 |
conquer 정복하다 | smell 냄새[향]가 나다 | pair 짝, 켤레 | both 둘 다 | document 문서, 서류 | factory 공장 | rock collecting
암석 수집 | parrot 앵무새

UNIT 20 관계대명사의 목적격과 소유격

Ⓐ who의 목적격과 소유격

1 목적격 : who 또는 whom을 사용한다. ('~을, 를'로 해석한다.)

This is William. I love him.

→ This is William **who(m)** I love. 이 사람은 내가 사랑하는 William이다.

2 소유격 : whose를 사용한다. ('~의'로 해석한다.)

I know Scott. His father is a songwriter.

→ I know Scott **whose** father is a songwriter. 나는 (그의) 아버지가 작곡가인 Scott을 안다.

Ⓑ which의 목적격과 소유격

1 목적격 : which 그대로 사용한다. ('~을, 를'로 해석한다.)

She has a beautiful house. Many people like it.

→ She has a beautiful house **which** many people like.
그녀는 많은 사람이 좋아하는 아름다운 집을 가지고 있다.

2 which가 전치사의 목적어일 경우, 아래와 같이 쓸 수 있다.

This is the house **in which** my father was born.

= This is the house **which** my father was born **in**. 이곳은 나의 아버지가 태어나신 집이다.

3 소유격 : whose 또는 of which를 사용한다. ('~의'로 해석한다.)

She has a pig. The tail of the pig is short.

→ She has a pig **whose** tail is short. 그녀는 꼬리가 짧은 돼지를 가지고 있다.

= She has a pig the tail **of which** is short.

Ⓒ 관계대명사의 생략 : 목적격 관계대명사나 「주격 관계대명사 + be동사」는 생략할 수 있다.

The book **(which is)** on the bookshelf is yours. 책꽂이에 있는 그 책은 너의 것이다.

Simple Test

다음 빈칸에 들어갈 알맞은 단어를 적으세요.

1 나는 (그의) 아버지가 석유 재벌인 Abdullah(압둘라)를 만났다.

→ I met Abdullah _____ father is an oil baron.

2 나는 Jim이 나에게 소개했던 소녀를 만났다.

→ I met the girl _____ Jim introduced to me.

3 이것이 내가 사는 집이다. → This is the house _____ _____ I live.

4 그는 (그것의) 벽들이 녹색인 방을 선호한다.

→ He prefers rooms _____ _____ are green.

Practice Test

정답 p.16

What's your score? O   개   X   개

다음 괄호 안의 주어진 단어를 이용하여 문장을 완성하세요.

1 나는 경치가 매우 아름다웠던 그 도시를 잊을 수 없다. (scenery)

_____

2 그곳은 내가 작년에 지원했던 그 회사이다. (apply for, company)

_____

3 흥부(Heungbu)는 다리 하나가 부러진 그 제비를 보살폈다. (swallow, look after, break)

_____

4 그녀는 그녀의 음악을 사랑하는 모든 팬들에게 편지를 썼다. (all her fans)

_____

5 그는 내가 어제 그 식당에서 봤던 바로 그 요리사였다. (cook, the very)

_____

6 이것은 내가 흥미를 느끼고 있는 그 게임이다. (be interested in)

_____

7 이것은 그들이 지은 건물이다.

_____

8 이것들이 네가 찾고 있는 자료들이다. (these, materials, look for)

_____

9 내가 좋아했던 그 남자는 배구 선수였다. (volleyball player)

_____

10 이것은 내가 타 본 기차 중 가장 빠르다. (ride, ever)

_____

다음 괄호 안의 주어진 단어를 이용하여 문장을 완성하세요.

1 이것은 내가 좋아하는 물고기이다. (be fond of)

_____

2 저것은 그가 어제 깨뜨린 그 창문이다. (break)

_____

3 네가 어제 나에게 추천했던 그 책은 정말 지루하다. (recommend, to me, boring)

_____

4 네가 나에게 준 그 기회에 감사하다. (thank you for, opportunity)

_____

5 그늘이 큰 그 나무는 나를 행복하게 한다. (shade, make)

_____

6 그 회사가 생산한 그 생산품은 인기가 있다. (product, produce, popular)

_____

7 색깔이 밋밋한 벽지는 내 스타일이 아니다. (wallpaper, dull)

_____

8 냄새가 안 좋은 그 가스 탱크는 매우 위험해 보인다. (gas tank, seem, whose, smell, bad)

_____

9 그들이 극복해야 했던 그 위험 요소들은 엄청났다. (risks, have to, overcome, great)

_____

10 네가 오랫동안 보관해 온 낡은 물건들을 모두 버려라. (throw away, stuff, keep)

_____

New Words

songwriter 작곡가 | bookshelf 책꽂이 | oil baron 석유 재벌 | introduce 소개하다 | prefer 선호하다 | scenery 경치 | apply for 지원하다 | swallow 제비 | look after ~을 보살피다 | material 자료 | volleyball 배구 | ridden ride(타다)의 과거분사 | be fond of ~을 좋아하다 | recommend 추천하다 | opportunity 기회 | shade 그늘 | product 생산품 | produce 생산하다 | wallpaper 벽지 | dull 흐릿한, 밋밋한 | smell 냄새 | seem ~해 보인다 | risk 위험, 위험 요소 | overcome 극복하다 | throw away 버리다 | stuff 물건

Review Test

(1~10) 다음 빈칸에 들어갈 알맞은 단어를 적으세요.

1　닭고기는 그녀가 먹는 유일한 고기이다.

Chicken is ＿＿＿＿ ＿＿＿＿ meat ＿＿＿＿ she eats.

2　자녀가 쌍둥이인 그 부부는 매우 행복해 보인다.

The couple ＿＿＿＿ ＿＿＿＿ ＿＿＿＿ twins look very happy.

3　나는 네가 어제 시장에서 산 것을 알고 싶다.

I want to know ＿＿＿＿ you ＿＿＿＿ yesterday at the market.

4　나는 목소리가 매우 부드러운 Sally와 함께 노래하는 것을 좋아한다.

I enjoy singing with Sally ＿＿＿＿ voice ＿＿＿＿ very soft.

5　나는 나무를 오르고 있는 원숭이 한 마리를 보았다.

I saw a monkey ＿＿＿＿ ＿＿＿＿ ＿＿＿＿ a tree.

6　많은 사람들이 부러워했던 그의 스마트폰이 사라졌다.

His smartphone ＿＿＿＿ many people envied ＿＿＿＿ disappeared.

7　계약이 막 끝난 그 배우는 다른 회사를 찾고 있는 중이다.

The actor ＿＿＿＿ contract has just ended ＿＿＿＿ looking for another company.

8　그는 두 마리의 개를 가지고 있는데, 그것들은 매우 크다.

He has two dogs, ＿＿＿＿ ＿＿＿＿ very big.

9　웃고 있는 저 남자는 너의 삼촌이니?

Is that man ＿＿＿＿ ＿＿＿＿ ＿＿＿＿ your uncle?

10　나는 이름이 Ella인 여자를 만날 예정이다.

I'm going to meet a woman ＿＿＿＿ ＿＿＿＿ ＿＿＿＿ Ella.

(11~20) 다음 괄호 안의 주어진 단어를 이용하여 문장을 완성하세요.

11 내가 가곤 했었던 그 식당은 매우 아늑했다. (used to, cozy)

12 네가 아는 어떤 것이든 단서가 될 수 있다. (clue, anything)

13 네가 러시아(Russia)에서 만났던 그 남자는 스파이였다. (spy)

14 사이즈가 L인 그 셔츠는 나의 것이다. (mine)

15 이 사람이 많은 불쌍한 사람들을 돌봐주는 그 간호사이다. (look after)

16 색깔이 파란색인 그 트럭은 Brown 씨의 것이다. (Mr. Brown's, color)

17 너는 중요한 무언가를 들었니? (anything, hear, important)

18 여기가 내가 찾고 있었던 곳이다. (place, look for)

19 아버지가 유명한 축구 선수인 그 소년은 축구를 못한다. (be poor at)

20 내가 고용한 그 사람은 게을렀다. (idle, hire)

Ready for Exams

[01~02] 다음 우리말과 같은 뜻이 되도록 주어진 단어를 바르게 배열하여 영작하시오.

01

나는 벤치에 앉아있는 저 소년을 안다.
(I, on, sitting, that boy, is, know, who, the bench)

→ _____

02

그는 가격이 아주 비싼 손목 시계를 잃어버렸다.
(he, price, is, expensive, very, whose, lost, the watch)

→ _____

[03~04] 다음 괄호 안에 주어진 단어와 조건을 활용하여 밑줄 친 우리말을 바르게 영작하시오.

03

매우 오래된 그 나무는 보호되어야 한다.
(very, should, protect)

조건 1 주격 관계대명사 which를 사용할 것.
조건 2 The tree로 문장을 시작할 것.

→ _____

04

그들이 좋아했던 그 배우는 곧 돌아올 것이다.
(the actor, will, come back, soon)

조건 1 목적격 관계대명사 whom을 사용할 것.
조건 2 The actor로 문장을 시작할 것.

→ _____

05 다음 대화를 읽고 주어진 단어를 활용하여 밑줄 친 우리말을 바르게 영작하시오.

W : Where do you live?
M : I live in Busan. There is a beautiful beach near my house.
W : Oh, could you send me some pictures of your house?
M : 이것이 내가 작년에 산 나의 집이야. (buy, which)

→ _____

06 다음 중 어법상 또는 의미상 어색한 문장을 모두 찾아 그 기호를 쓰고, 바르게 고쳐 문장을 다시 쓰시오.

ⓐ Tell me that you know.
ⓑ I like your bicycle whose color is white.
ⓒ Look at the man which stands on the street.
ⓓ This will be the last meeting that we have today.
ⓔ Do you see a woman and a dog which are jogging in the park?

(1) (   )
→ _____

(2) (   )
→ _____

(3) (   )
→ _____

Chapter

9

접속사

UNIT 21 명사절을 이끄는 접속사, 상관접속사

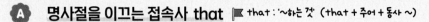

A 명사절을 이끄는 접속사 that ▌ that : '~하는 것' (that + 주어 + 동사 ~)

1 주어 역할 : '~하는 것은'으로 해석한다.

That he is a thief is true. 그가 도둑이라는 것은 사실이다.

= **It** is true **that** he is a thief. (가주어 It, 진주어 that절로 쓸 수 있다.)

2 목적어 역할 : '~하는 것을'로 해석한다. 이때, that은 생략 가능하다.

I think (**that**) he is a thief. 나는 그가 도둑이라고 생각한다.

3 보어 역할 : '~하는 것이다'로 해석한다.

The problem is **that** he is a thief. 문제는 그가 도둑이라는 것이다.

B 명사절을 이끄는 접속사 whether / if ▌ '~인지 아닌지'

1 whether : 주어, 목적어, 보어 역할을 하는 명사절을 이끈다.

Whether he is honest **or not** is not known. 그가 정직한지 아닌지는 알려져 있지 않다.

2 if : 목적어절만 이끌 수 있다.

I don't know **if** he is a thief (or not). 나는 그가 도둑인지 아닌지 모른다.

📌 whether or not (O) / if or not (X) * if와 or not은 붙여서 쓸 수 없다.

C 상관접속사

both A and B	A와 B 둘 다	항상 복수로 취급
either A or B	A와 B 둘 중 하나	B에 수 일치
neither A nor B	A도 아니고 B도 아닌	B에 수 일치
not only A but (also) B	A뿐만 아니라 B도	B에 수 일치 (= B as well as A)
not A but B	A가 아니라 B	B에 수 일치

Simple Test

다음 빈칸에 들어갈 알맞은 단어를 적으세요.

1 그가 오늘 밤 저녁 식사를 요리하는 것은 흔하지 않은 일이다.

→ _____ he cooks dinner tonight _____ unusual.

2 네가 오는지 안 오는지 나에게 말해줘.

→ Tell me _____ you will come _____ _____.

3 너와 나 둘 다 학생이다.

→ _____ you _____ I _____ students.

4 이것은 코미디도 아니고 드라마도 아니다.

→ This is _____ a comedy _____ a drama.

Practice Test

정답 p.17

What's your score? O 개 X 개

다음 괄호 안의 주어진 단어를 이용하여 문장을 완성하세요.

1 그 책이 영어로 쓰여 있다는 것은 흥미롭다. (write, interesting)

_____

2 그는 농구뿐만 아니라 배구도 좋아한다. (basketball, volleyball)

_____

3 너는 그가 새 차를 사야 한다고 생각하니? (Do you ~, have to)

_____

4 나는 그가 오는지 안 오는지를 물었다. (or)

_____

5 나는 담배도 안 피우고 술도 마시지 않는다. (neither)

_____

6 그가 그 돈을 다 써버렸다는 것은 매우 충격적이다. (spend, shocking, all of)

_____

7 Paul이나 나 둘 중 하나는 주전자를 가지고 와야 한다. (kettle, get, have to)

_____

8 그의 장점은 아이들을 사랑한다는 것이다. (strength)

_____

9 그는 축구뿐만 아니라 야구도 잘한다. (be good at)

_____

10 그 문제는 수학이 아니라 영어이다. (math)

_____

다음 괄호 안의 주어진 단어를 이용하여 문장을 완성하세요.

1   그녀가 북한(North Korea)에서 온 것은 사실이다.

_____

2   나는 한국에 너무 많은 커피숍이 있다고 생각한다. (there, coffee shops)

_____

3   네가 아니라 그가 이 환자를 수술해야 한다. (operate on, patient, have to)

_____

4   나는 그녀가 나를 좋아하는지 아닌지 궁금하다. (wonder)

_____

5   나뿐만 아니라 그녀도 그 결과에 만족했다. (be satisfied with, result)

_____

6   Jane과 Philip 둘 다 그들의 어머니의 결정을 따라야 한다. (have to, decision, follow)

_____

7   요리는 어린이들에게 재미있을 뿐 아니라 교육적이기도 하다. (fun, educational, cooking)

_____

8   그 정답은 A가 아니라 B다. (not, but)

_____

9   그가 정직하다는 것은 잘 알려졌다. (well known)

_____

10   너와 Kevin 둘 중의 한 명은 그 고양이에게 음식을 줘야 한다. (feed, have to)

_____

New Words

spend (시간, 돈을) 소비하다 | shocking 충격적인 | kettle 주전자 | strength 장점 | be good at ~을 잘하다 | operate 수술하다 | patient 환자 | wonder 궁금하다 | satisfied with ~에 만족한 | result 결과 | decision 결정 | follow 따르다, 따라가다 | fun 재미있는 | educational 교육적인 | honest 정직한 | well known 잘 알려진 | feed 먹이다

UNIT 22 부사절을 이끄는 종속접속사

A 시간의 접속사

> when (~할 때)   as (~하면서)   before (~하기 전에)   after (~한 후에)
> while (~하는 동안)   until (~할 때까지)   as soon as (~하자마자)   since (~한 이래로)

When John was in the hospital, many friends visited him.   John이 병원에 있었을 때 많은 친구들이 방문했다.

B 조건의 접속사

> If (만약 ~라면)   unless (만약 ~이 아니라면)

Unless you study hard, you will fail the exam.   열심히 공부하지 않는다면 너는 시험에 떨어질 거야.

📌 시간과 조건을 나타내는 부사절에는 주절이 미래형이라도 종속절에는 현재형만 써야 한다.
　　ex When she comes back home, I will make some food. (O) 그녀가 집에 오면 나는 약간의 음식을 만들 것이다.
　　When she will come back home, I will make some food. (X)

주절 + 종속절
= 종속절 + ,(쉼표) + 주절

C 이유의 접속사

> because, since, as (~때문에)

Since I was sick in bed, I couldn't do anything.   나는 아파서 누워 있었기 때문에 아무것도 할 수 없었다.

D 양보의 접속사

> though, although, even though (비록 ~일지라도, ~임에도 불구하고)   even if (만약 ~하더라도)

Though he is short, he is very strong.   그는 키가 작은데도 불구하고 매우 강하다.

Simple Test

다음 빈칸에 들어갈 알맞은 단어를 적으세요.

1 내가 어렸을 때 나는 키가 작았다.
　→ ＿＿＿＿＿＿ I was young, I ＿＿＿＿＿＿ short.

2 만약 네가 매일 운동한다면 체중을 줄일 수 있어.
　→ ＿＿＿＿＿＿ you exercise every day, you can lose some weight.

3 만약 비가 오더라도 우리는 축구를 할 것이다.
　→ ＿＿＿＿＿＿ ＿＿＿＿＿＿ it rains, we will play soccer.

4 그녀는 감기에 걸렸기 때문에 학교에 가지 않았다.
　→ ＿＿＿＿＿＿ she caught a cold, she didn't go to school.

Practice Test

정답 p.18

What's your score?   O   개   X   개

다음 괄호 안의 주어진 단어를 이용하여 문장을 완성하세요.

1 비가 올 때면 그녀는 주로 실내에 머무른다. (stay inside)

_____

2 아빠가 오시기 전에 나는 자러 가지 않을 것이다. (my dad)

_____

3 그는 부자임에도 불구하고 행복하지 않다. (rich, happy)

_____

4 그녀는 돈이 없었기 때문에 외국으로 갈 수 없었다. (abroad)

_____

5 만약 어떤 문제가 있다면 내가 그것을 해결할 것이다. (any problem, resolve)

_____

6 그는 바빴음에도 불구하고 그의 친구들을 도왔다.

_____

7 그가 그의 죄를 뉘우치면 나는 그를 용서할 것이다. (regret, sin, forgive)

_____

8 너는 뭔가 단것을 먹은 후에는 양치질을 해야 한다. (have to, something sweet)

_____

9 비록 그녀는 장님이었지만 많은 것들을 이루었다. (blind, achieve, many)

_____

10 만약 내일 비가 온다면 우리는 소풍을 가지 않을 것이다. (go on a picnic)

_____

Actual Test

정답 p.18

What's your score? O   개 X   개

다음 괄호 안의 주어진 단어를 이용하여 문장을 완성하세요.

1 나는 집에 오자마자 숙제를 했다.

_____

2 Cindy가 네 살 때 그녀는 일본에 살았다.

_____

3 네가 잠든 동안에 많은 일이 일어났다. (many, occur)

_____

4 나는 배가 너무 고파서 편의점에 들어갔다. (enter, convenience store)

_____

5 네가 올 때까지 여기서 너를 기다릴게. (wait for)

_____

6 그들은 가난함에도 불구하고 다른 가난한 사람들을 돕는다. (poor people)

_____

7 네가 나와 저녁을 먹지 않으면, 난 여기를 떠나지 않겠어. (leave, unless)

_____

8 만약 내일 눈이 오면 나는 스키 타러 갈 거야. (ski)

_____

9 감자 기근(the Potato Famine)이 있었기 때문에 많은 아일랜드인들은 미국으로 이민 갔다.
(Irish people, emigrate, the United States, many, there)

_____

10 교통 체증이 있었기 때문에 나는 그 회의에 늦었다. (meeting, traffic jam)

_____

New Words

lose weight 체중을 줄이다 | catch a cold 감기에 걸리다 | abroad 해외로, 해외에 | resolve 해결하다 | regret 후회하다 | sin 죄 |
forgive 용서하다 | blind 눈이 먼, 맹인의 | achieve 성취하다 | go on a picnic 소풍 가다 | occur 일어나다, 발생하다 |
convenience store 편의점 | famine 기근 | Irish 아일랜드의 | emigrate 이민 가다 | meeting 회의 | traffic jam 교통 체증

(1~10) 다음 빈칸에 들어갈 알맞은 단어를 적으세요.

1 네가 코트를 입지 않으면, 너는 감기에 걸릴 것이다.

                 you wear a coat, you   catch a cold.

2 William뿐만 아니라 그의 형제들도 피겨 스케이트 선수들이다.

                   William   his brothers

figure skaters.

3 만약 네가 동쪽으로 간다면 나는 서쪽으로 가겠다.

I will go west   go east.

4 그녀가 나에게 전화를 걸면 나는 여기를 떠날 것이다.

           she   me, I will leave here.

5 그는 가족들을 먹여 살려야 하기 때문에 일하는 것을 그만둘 수 없다.

                 has to support his family, he can't stop working.

6 그의 문제는 환경이 아니라 마음가짐이었다.

His problem was   his circumstances   his mental attitude.

7 그 회사는 내 친구나 나 둘 중 누구도 채용하지 않았다.

The company hired   my friend   me.

8 비록 날씨가 끔찍했지만, 그 소방관들은 열심히 일했다.

                the weather was terrible, the firefighters   hard.

9 그녀가 교실에 들어오자마자 모든 남학생은 환호했다.

                      she entered the classroom, every male student

shouted for joy.

10 그가 훌륭한 탐정이라는 것이 잘 알려져 있다.

                      a wonderful detective   well known.

(11~20) 다음 괄호 안의 주어진 단어를 이용하여 문장을 완성하세요.

11 그는 퇴직한 후에 시골의 조용한 마을로 이사 갈 것이다. (retire, quiet town, countryside, move)

12 너와 너의 형 둘 중 하나는 오늘 이 차를 세차해야 한다. (have to, wash)

13 그녀가 열심히 공부하면 그녀는 그 시험에 합격할 것이다. (hard, pass, exam)

14 내가 지금은 충분한 돈이 없을지라도 나는 너를 행복하게 해 줄 거야. (enough, make)

15 그는 좋은 배우일 뿐만 아니라 좋은 광고 모델이다. (actor, advertising model)

16 해외에서 그 영화가 매우 인기 있다는 것은 사실이다. (abroad, true)

17 그가 수학을 가르치는 동안 많은 학생들이 몰래 그들의 스마트폰을 보고 있었다.
(look at, smartphone, secretly, many)

18 직장에서 그의 약점은 그가 컴퓨터를 잘 모른다는 것이다. (at the workplace)

19 그가 그 높은 산을 오를 수 있는지 없는지 아무도 모른다. (nobody, climb)

20 너뿐만 아니라 Daren도 그 공연장에 있었다. (at the concert hall)

Ready for Exams

[01~02] 다음 우리말과 같은 뜻이 되도록 주어진 단어를 바르게 배열하여 영작하시오.

01

너와 나 둘 다 제 시간에 거기에 도착해야 한다. (both, there, and, you, I, on time, arrive, have to)

→ _____

_____

02

몇몇 학생들이 숙제를 하지 않았다는 것은 사실이다. (a few, do, their, didn't, that, homework, true, is, students)

→ _____

_____

[03~04] 다음 괄호 안에 주어진 단어와 조건을 활용하여 밑줄 친 우리말을 바르게 영작하시오.

03

그녀는 돈이 거의 없음에도 불구하고 새 차를 샀다. (buy, a, little)

조건 1 접속사 although를 사용할 것.
조건 2 She로 문장을 시작할 것.

→ _____

_____

04

어제 날씨가 매우 더웠기 때문에 그들은 집에 머물렀다. (hot, it, at home, stay)

조건 1 접속사 since를 사용할 것.
조건 2 주절을 뒤에 쓸 것.

→ _____

_____

05 다음 대화를 읽고 주어진 단어를 활용하여 밑줄 친 우리말을 바르게 영작하시오.

W : Did you hear that Jennifer moved to Seoul?
M : Really? I didn't know that.
W : What are you planning to do for her?
M : <u>만약 그녀가 나에게 전화를 하면 나는 그녀에게 서울을 구경시켜 줄 거야.</u>
(show her around Seoul)

→ _____

_____

06 다음 중 어법상 또는 의미상 어색한 문장을 찾아 그 기호를 쓰고, 바르게 고쳐 문장을 다시 쓰시오.

ⓐ It is true which she is a dentist.
ⓑ Not only she but also you is tired.
ⓒ Neither you nor she has to go out now.
ⓓ I don't know if or not she is older than me.
ⓔ As soon as he finished it, they called her name.

(1) (   )
→ _____

_____

(2) (   )
→ _____

_____

(3) (   )
→ _____

_____

Final Test

Final Test 1

(1~20) 다음 빈칸에 들어갈 알맞은 단어를 적으세요.

1 나의 상사가 나에게 대전으로 가라고 말했다.

My boss told _____ _____ go to Daejeon.

2 그 심사위원들은 그녀에게 무대 위에서 피아노를 연주하게 허락했다.

The judges _____ her _____ the _____ on the stage.

3 James는 이집트에 가본 적이 있니?

_____ James ever _____ to Egypt?

4 너는 피곤해 보여. 집에 가는 것이 좋겠어.

You _____ tired. You _____ _____ go home.

5 내 차에는 연료가 거의 없어서, 너의 차를 사용하고 싶어.

There _____ _____ fuel in my car, so I _____ like _____ use your car.

6 모든 방이 초대받은 사람들로 가득 차 있었다.

Every _____ _____ filled _____ invited people.

7 이것은 내가 본 것 중에 가장 빠른 차이다.

This is the _____ car _____ I have ever seen.

8 나는 아버지가 영화감독인 Steve를 만났다.

I met Steve _____ father _____ a movie director.

9 저것은 내가 버스에 두고 내린 가방처럼 보인다.

That looks like the backpack _____ I _____ on the bus.

10 이 기계는 많은 사람에 의해 사용될 수 있다.

This machine _____ _____ _____ by many people.

11 그녀는 맛있는 피자를 나에게 사 주었다. (3형식)

She ＿＿＿＿＿＿＿ ＿＿＿＿＿＿＿ pizza for me.

12 나는 그가 치즈 케이크를 먹게 할 것이다.

I will get ＿＿＿＿＿＿ ＿＿＿＿＿＿＿ ＿＿＿＿＿＿ a cheese cake.

13 나는 수학 문제를 풀기가 쉽지 않다.

＿＿＿＿＿＿ is not easy ＿＿＿＿＿＿ me ＿＿＿＿＿＿ solve math questions.

14 그녀는 학교에 지각하지 않기 위해 일찍 일어났다.

She got up early ＿＿＿＿＿ order ＿＿＿＿＿ to be late for school.

15 그는 자신만의 집을 사는 것을 기대하고 있다.

He is looking ＿＿＿＿＿＿ ＿＿＿＿＿＿ ＿＿＿＿＿＿ his own house.

16 그는 2년 전에 대구에서 지갑을 잃어버렸다.

He ＿＿＿＿＿＿ his wallet in Daegu two ＿＿＿＿＿＿ ＿＿＿＿＿＿.

17 너는 매일 운동하는 것이 좋겠다.

You ＿＿＿＿＿＿ ＿＿＿＿＿ ＿＿＿＿＿＿ every day.

18 대부분의 10대는 스마트폰을 사용한다. (수동태)

Smartphones ＿＿＿＿＿＿ ＿＿＿＿＿＿ ＿＿＿＿＿ most teenagers.

19 그녀는 엄마의 건강에 대해 걱정한다.

She is ＿＿＿＿＿＿ ＿＿＿＿＿＿ her mom's health.

20 그는 의리의 사나이로 알려져 있다.

He ＿＿＿＿＿＿ ＿＿＿＿＿ ＿＿＿＿＿＿ a man of loyalty.

Final Test ②

(1~20) 다음 괄호 안의 주어진 단어를 활용하여 문장을 완성하세요.

1 Michael뿐만 아니라 Joseph도 좋은 학생이다.

_____

2 엄마는 맛있는 스파게티를 우리에게 요리해 주셨다. (spaghetti, 3형식)

_____

3 그들은 돈이 없었기 때문에 아무것도 살 수 없었다. (not, any)

_____

4 나는 같이 놀 친구가 많다. (to)

_____

5 비록 우리 팀이 그 경기에 졌음에도 불구하고 우리는 우리가 경기 한 방식에 만족했다.
(game, satisfied, lose, how, play)

_____

6 그가 거리로 나가면 많은 사람이 그의 주위에 몰려들 것이다. (if, go out into, many, gather around)

_____

7 그들은 버려진 애완견들을 위한 집을 찾는 데 관심이 있다. (interested, find, abandoned)

_____

8 우리는 그들과 함께 시간을 보내는 것이 즐겁다. (pleasant, spend, for)

_____

9 그가 나에게 사과 편지를 쓰면 나는 기분이 나아질 것이다. (apology letter, if)

_____

10 내가 지금 먹고 싶은 것은 스테이크이다. (what, steak)

_____

정답 p.20

What's your score? O 개 X 개

11 그의 고향은 광주(Gwangju)가 아니라 전주(Jeonju)이다. (hometown)

_____

12 그녀가 그 큰 돌을 던지는 것은 매우 어렵다. (it, hard, throw)

_____

13 그는 그녀의 주소를 몰랐기 때문에 그녀의 집을 찾을 수 없었다. (address)

_____

14 나의 삼촌은 영화 티켓 두 장을 내 남동생에게 주셨다. (movie ticket)

_____

15 새로운 로봇을 발명하는 것은 그를 신나게 한다. (excited, inventing)

_____

16 비록 그녀는 어렸지만 큰 회사를 경영했다. (run, big)

_____

17 만약 네가 일찍 일어나지 않으면 너는 첫 버스를 놓칠 것이다. (unless)

_____

18 너는 바다에서 구명 조끼를 반드시 착용해야 한다. (must, life jacket, wear)

_____

19 너는 밤에 너무 많이 먹지 않는 것이 좋겠다. (too much)

_____

20 매일 영어를 공부하는 것은 매우 중요하다. (it)

_____

MEMO

MEMO

MEMO

서술형·수행평가 만점을 만드는 좋은 영작 습관!

제대로 영작문

3

정답

DARAKWON

제대로 영작문

3 실력

DARAKWON

Chapter 1

문장의 형식

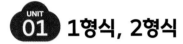

UNIT 01 1형식, 2형식

Simple Test p.10

1 He goes to school every morning.
2 There was a lemon in the kitchen.
3 This peach smells sweet.
4 Billy will be [become] a lawyer in the future.
5 Your uncle looks like a prosecutor.

Practice Test p.11

1 This pizza tastes good.
2 Long ago, there lived seven dwarfs in the forest.
3 She was a queen on the ice rink.
4 They went to Pyeongchang last winter vacation.
5 The girl became a great architect.
6 My father is a translator.
7 Sam is very famous in Australia.
8 Here comes our principal.
9 Sally became an angel in her dream.
10 He turned into Spider-Man in his dream.

Actual Test p.12

1 Jack and Olivia were a couple in Jack's dream.
2 Everybody grows old day by day.
3 I get up at seven every morning.
4 Were there many (= a lot of = lots of) reporters in the city yesterday?
5 My dream is to be a great pianist.
6 They went to the national library yesterday.

7 There were many (= a lot of = lots of) people near Gangnam Station yesterday.
8 He is a teacher at a school for children with special needs.
9 She got tired after the game.
10 The queen lives alone in the palace in the forest.

UNIT 02 3형식, 4형식

Simple Test p.13

1 I had lunch at a Chinese restaurant yesterday.
2 He avoided the ball nimbly.
3 Paul lent me his tablet PC willingly.

Practice Test p.14

1 Leo decided to go to America next year.
2 He couldn't give up inventing new things.
3 The old woman introduced Korean traditional food to them.
4 Did you submit your report to Professor Bruce?
5 Give them to me.
6 The employees required more rest of their employer.
7 Famous musicians use good instruments.
8 My mentor always gives courage to me.
9 I know that she is smart.
10 The cook [chef] cooked hot soup for homeless people.

Actual Test p.15

1 Will you get a cup of tea for me?
2 Can you find it for me?
3 I didn't know that the food went bad.
4 She writes a letter to a girl in Africa once a month.
5 I will make my mom delicious food today.
6 My parents love me a lot.

7 Dad bought me a big piggy bank yesterday.
8 She told me a top secret.
9 The fisherman cast the net to the right side of the boat.
10 A young girl sent the president a letter.

 **03 5형식**

Simple Test
p.16

1 She found the question hard [difficult].
2 He made his students study until 5 p.m.
3 She got her puppy to follow her.

Practice Test
p.17

1 The baby made us happy.
2 His diligence made him rich.
3 A lot of paper made the classroom messy.
4 He made his team become a championship team.
5 Jealousy makes any relationship worse.
6 They helped us carry (= to carry) the baggage.
7 Did you see my cat run (= running) to the rooftop?
8 Burdens make people nervous.
9 She asked me to remember her forever.
10 Mom made me take care of my younger brother all day.

Actual Test
p.18

1 The thought of beating his rival made him practice harder.
2 He had his computer repaired.
3 He had her song played on his program.
4 The landlord got her to check the condition of a new apartment.
5 She encouraged him to go to America.
6 His love made her recover.
7 He helped her write (= to write) letters in English.

8 The teacher had his students fill out university applications.
9 The prince had Cinderella put on crystal shoes. (= The prince had Cinderella put crystal shoes on.)
10 His son makes him smile all the time.

Review Test
p.19

1 He helped the child to cross the street safely.
2 Mom cooked a delicious curry for me yesterday.
3 There is a lot of wind on Jeju Island.
4 Here comes King Arthur.
5 Did Jake get tired after the supplementary lesson?
6 The teacher asked difficult questions of us.
7 He heard his nickname called in the classroom.
8 He felt his puppy touch (=touching) his hand.
9 Are you a real gentleman?
10 Will you marry me?
11 A cucumber massage gives people good skin.
12 She chose nice pants for her husband.
13 He let his cousin play his guitar.
14 She taught her pupils German.
15 Her face turned red at the news.
16 They saw many children smiling (= smile) at the kids' café.
17 They didn't hear sparrows sing (= singing).
18 The old man donated a lot of (= lots of) money to a charity.
19 Mom's lullaby made her baby sleep.
20 The melody sounds very beautiful.

Ready for Exams
p.21

01 Cathy looks very sick today.
02 My parents bought new clothes for me yesterday.

03 He made me exercise hard.

04 The painter sold the collector his painting.

05 I saw him reading[read] a book on the bench.

06 (1) ⓒ, She got her brother to play the piano.

　(2) ⓓ, They let him take another chance.

　(3) ⓔ, The carpenter made a comfortable chair for me.

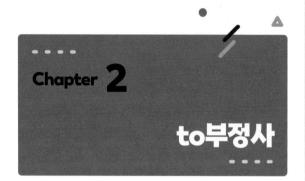

Chapter **2**

to부정사

UNIT 04 to부정사의 명사적 용법

Simple Test
p.24

1 To eat too much salt is not good.

2 He chose to leave his hometown.

3 She expected me to wait for her.

4 They didn't know when to go.

5 Her dream is to be [become] a newscaster.

Practice Test
p.25

1 To learn new skills is necessary.

2 To protect your skin against ultraviolet rays is important.

3 Our desire is to have liberty.

4 To live happily is to realize the truth.

5 His task is to analyze a lot of (= lots of) information.

6 He attempted to climb Mt. Everest twice.

7 The solution is to communicate with each other many [several] times.

8 The boss commanded Chris to halt his work.

9 To swim in shallow water is very easy.

10 She likes to study mammals.

Actual Test
p.26

1 To make a tower with matches needs concentration.

2 She wanted to participate in the conference.

3 To be polite is much better than to be rude.

4 To include this product is essential.

5 They didn't decide where to stay.

6 He didn't know where to go in this strange place.

7 Jinsu's dream is to be [become] a football referee.

8 To be [become] a scientist is an honorable thing to me.

9 Most people didn't know what to do.

10 She likes to go window shopping.

UNIT 05 to부정사의 형용사적 용법

Simple Test
p.27

1 I bought a comic book to read.

2 He doesn't have any paper to write on.

3 She found a comfortable chair to sit on.

4 It's time to go to school.

5 You should meet somebody honest to tell you the truth.

Practice Test
p.28

1 I have something to tell you.

2 He bought a present to give her.

3 I don't (= do not) have enough time to study.

4 They bought a cozy house to live in.

5 She was looking for a suitcase to put her stuff in.

6 We wanted something delicious to eat.

7 There weren't (= were not) any seats to sit on.

8 He has many (= a lot of = lots of) colleagues to work with.

9 The government didn't (= did not) have more food to provide.

10 I have only two friends to play with.

Actual Test
p.29

1 This small library doesn't have any history books to check out.

2 He bought a guitar to play on the stage.

3 Is there anything important to report?

4 There are many orphans to take care of at the orphanage. (= There are many orphans at the orphanage to take care of.)

5 The teaching assistant gave us assignments to do.

6 We have something important to decide today.

7 They didn't (= did not) have any food to eat.

8 He is not (= isn't) a person to steal things.

9 There are many poor people to help in the world. (= There are many poor people in the world to help.)

10 We bought fresh fruits to give to the children.

UNIT 06 to부정사의 부사적 용법

Simple Test
p.30

1 She was very shocked to hear the news.

2 He is wonderful to help poor people.

3 Cathy grew up to be [become] a biologist.

Practice Test
p.31

1 I'm going to go to a dental clinic to pull out the rotten tooth. (= I'm going to go to a dental clinic to pull the rotten tooth out.)

2 To begin with, let's do our best to overcome this crisis.

3 They prepared enough food to donate to a local charity.

4 Queen Elizabeth lived to be ninety-five.

5 To make matters worse, she lost the car key yesterday.

6 These crystal shoes are the right size for Cinderella to put on.

7 He isn't (= is not) trustworthy to talk like that.

8 All (of) the sponsors were happy to see her again.

9 Do you live to eat, or (do you) eat to live?

10 He studied for ten hours a day in order not to fail the exam.

Actual Test
p.32

1 She must be excited to start her new job.

2 His speech is difficult to understand.

3 The boy grew up to be a movie director.

4 Are you disappointed to hear the news?

5 He must be rich to have three cars.

6 I was pleased to see [meet] an old friend yesterday.

7 This building is too high to walk up the stairs to the top.

8 The baby is too young to feed himself.

9 He jumped into the water to rescue his mother.

10 He must be diligent to get up early in the morning.

UNIT 07 가주어, 진주어, 의미상 주어

Simple Test
p.33

1 It is important to think positively.

2 It was fortunate for her to meet him.

3 It is foolish of her to tell him the truth.

Practice Test
p.34

1 It is necessary to help poor people (= the poor).

2 It is hard [difficult] to look after a lot of (= lots of = many) children.

3 It is not (= isn't) easy to play the piano without sheet music.

4 It was easy for her to cook a meal only for herself.

5 It is nice of him to encourage me.

6 It is important for students to have a sound sleep before the test.

7 It is natural for children to run around.

8 It is normal for elephants to walk around on the streets here.

9 It was a good experience for me to do a volunteer activity.

10 It is true that he met Bill Gates.

Actual Test
p.35

1 It is good for your health to ride a bicycle [bike] for an [one] hour a day.

2 It was a mistake for him to choose that movie.

3 It was very smart of him to solve the riddle.

4 Was it destiny that he met her?

5 It is nice of her to help the patients.

6 It is useless to wait for her there.

7 It was my fault to miss the ball.

8 It is usual for him to go hiking on the weekend.

9 Is it possible to send an email to the president? (= Is it possible to send the president an email?)

10 It is very dangerous for the girl to cross the street by herself.

Review Test
p.36

1 He doesn't have enough money to buy a new house.

2 He stopped working to take a rest.

3 To read his mind is to know him.

4 It is very hard for a rich man to enter heaven.

5 Kevin likes to collect pretty bottles.

6 He knows very well when to stop.

7 They expected me to be satisfied with their work.

8 She needed a lot of paper to write on.

9 This sofa is comfortable to take a nap on.

10 I am very pleased to finish this project in time.

11 The road was too narrow for the bus to pass by.

12 It was hard [difficult] for her to reject his proposal of marriage.

13 It was cruel of him to treat them like that.

14 It was easy for Sam to learn German.

15 It was important for her to call him once a day.

16 It is easy to take my son to the park.

17 It is hard [difficult] to get my son to leave from the park.

18 It wasn't (= was not) easy for me to clean the living room by myself.

19 He read a lot of books in order to succeed.

20 She cooked something delicious to give her friends.

Ready for Exams
p.38

01 We had to buy some food to eat.

02 He exercises hard to lose weight.

03 It is dangerous for her to go there alone.

04 They didn't know how to repair the car.

05 Can you give me something cool to drink?

06 (1) ⓑ, It was very easy to do.

(2) ⓒ, It was very nice of him to help the poor.

(3) ⓓ, My uncle bought a new apartment to live in.

Chapter **3**

동명사

UNIT 08 동명사의 쓰임

Simple Test
p.40

1 <u>Getting</u> up early <u>is</u> not easy.
2 His hobby <u>is</u> <u>watching</u> the flowers in his garden.
3 He was tired of <u>looking</u> <u>for</u> the key.
4 He kept <u>walking</u> without <u>looking</u> back.
5 <u>Exercising</u> regularly <u>is</u> important.

Practice Test
p.41

1 They minded singing without playing the piano.
2 He gave up waiting for her in the end.
3 Spending time with his lovely daughter makes him happy.
4 Not giving her a present was my fault. (= Not giving a present to her was my fault.)
5 I am sorry for not participating in the presentation.
6 I am sure of passing the exam.
7 Planning your later years is wise.
8 Going to the beach makes us happy.
9 Running a big education company is my dream.
10 He is interested in drawing maps.

Actual Test
p.42

1 Watching too much TV makes you stupid.
2 Being dishonest with others is Jerry's problem.
3 Being a great geographer was his longtime dream.
4 Not feeding pets makes them sick.
5 Not taking a rest makes us tired.
6 Cheating on the exam will result in failing the test.
7 Sending letters to unknown soldiers is an old tradition. (= Sending unknown soldiers letters is an old tradition.)
8 He stopped making any noise in the classroom.
9 Not helping poor people is a kind of sin.
10 Not telling the truth makes people angry.

UNIT 09 동명사와 to부정사, 관용적 표현

Simple Test
p.43

1 Most women don't enjoy <u>fishing</u>.
2 He gave up <u>writing</u> a letter to his girlfriend every day.
3 She decided <u>to read</u> books every day.
4 We went <u>swimming</u> yesterday.
5 Tony kept <u>reading</u> the book loudly.

Practice Test
p.44

1 He spent a lot of money buying the house.
2 I feel like watching a movie.
3 He is busy washing his car.
4 They didn't mind leaving their hometown.
5 She quit working at the company.
6 Ben wished to have a big toy car.
7 The picture is worth keeping.
8 They are considering moving to Jeju Island.
9 I am tired of searching for information on the Internet.
10 They finished constructing the bridge.

Actual Test
p.45

1 She enjoys telling others her opinion. (= She enjoys telling her opinion to others.)
2 The soccer player is looking forward to going to England.
3 The teacher promised to write easy questions.
4 Did the company spend a lot of (= lots of = much) time manufacturing the product?
5 Dad needs to get enough rest after a long drive.
6 I feel like learning Chinese.
7 He finally stopped bullying her.
8 She spent a lot of money having plastic surgery.
9 The rabbit was tired of eating carrots.
10 They are busy preparing a new project.

UNIT 10 to부정사와 동명사를 모두 취하는 동사

Simple Test
p.46

1 I hate doing homework.
2 They tried to succeed.
3 All of a sudden, he started speaking loudly.
4 He stopped to call her.
5 She regrets participating in the audition.

Practice Test
p.47

1 They stopped to give us important information.
2 They stopped giving us important information.
3 I forgot to turn on the light in my room.
   (= I forgot to turn the light on in my room.)
4 I forgot turning on the light in my room.
   (= I forgot turning the light on in my room.)
5 He remembered to play tennis with me.
6 He remembered playing tennis with me.
7 I regret buying the expensive bag yesterday.
8 I regret to bring you bad news.
9 She tried to lock the door.
10 She tried locking the door.

Actual Test
p.48

1 He continued reading (= to read) comic books.
2 I like driving (= to drive), but Dad doesn't.
3 Paul tried opening the window.
4 Paul tried to open the window.
5 He remembered to discuss the problem with me.
6 He remembered discussing the problem with me.
7 They stopped blaming her.
8 They stopped to blame her.
9 I regret signing the contract yesterday.
10 I regret to say that he signed the contract yesterday.

Review Test
p.49

1 Being [Becoming] a pilot is not easy.
2 He finished reading the thick book.
3 Would you mind lending me your laptop computer?
4 Being poor is not wrong.
5 I hope to have dinner with her.
6 Solving difficult math questions makes me happy.
7 She postponed having her birthday party.
8 He promised to come back as soon as possible.
9 Reading good books is better than having bad friends.
10 The reporter remembers to interview her next week.
11 She stopped to call a taxi.
12 He regretted sending a text message to her. (= He regretted sending her a text message.)
13 She tried to encourage the boy before the contest.
14 Michael enjoys cooking for his mom.
15 Her mission is to help (= helping) homeless people (= the homeless).
16 Wasting (= To waste) resources is bad for the national economy.
17 The problem of our team is not having a leader.
18 He wants to memorize one [a] hundred English words every day.
19 Deceiving (= To deceive) yourself is very foolish.
20 I feel like playing soccer all day (long).

Ready for Exams
p.51

01 Spending too much money is not wise.
02 I feel like drinking herbal tea every day.
03 This painting is worth keeping for a long time.
04 He will stop keeping a diary.
05 I forgot to visit my grandparents.

06 (1) ⓐ, Not giving any presents is rude to him.
  (2) ⓑ, Are you interested in taking pictures?
  (3) ⓒ, He was busy washing his new car.

Chapter 4
명사, 부정대명사

UNIT 11 명사

Simple Test   p.54

1 Love <u>makes</u> happiness.
2 They ordered three <u>cups of</u> coffee.
3 There <u>were</u> few <u>books</u> in her room.

Practice Test   p.55

1 He earned a lot of (= lots of) money in Japan.
2 She can eat eight pieces of pizza.
3 The government organized the committee.
4 The people on the committee are all men.
5 Put a spoonful of sugar in the pot.
6 You have to bring a lot of (= lots of) water on the camping trip.
7 There are few animals in the desert.
8 He can forgive the sin.
9 My dad drinks a glass of wine every evening.
10 Did the reporter have plenty of information?

Actual Test   p.56

1 There was little air in the room.
2 Why do I get just one piece of pizza?

3 Korea has a brilliant culture.
4 A lot of people gathered to see the shooting of the movie.
5 There are few chairs in the classroom.
6 Our team has a few young players with great potential.
7 Our team are all from Daegu.
8 Many (= A lot of = Lots of) soccer stars play in the World Cup.
9 There were few ice rinks before the Olympic Games.
10 There was a lot of snow in the city last winter.

UNIT 12 부정대명사

Simple Test   p.57

1 Do you have <u>any</u> problem?
2 <u>All of</u> his friends <u>are</u> kind.
3 <u>Each of</u> you <u>has</u> to submit a report.
4 <u>Both</u> David and Jason <u>were</u> surprised by a loud noise outside.
5 <u>Every</u> eagle <u>has</u> feathers.

Practice Test   p.58

1 Not everyone likes money.
2 Do you want something more to eat?
3 Each of the applicants has to take the test.
4 Both of the men like Jessica.
5 Every generation has to respect the previous generation.
6 She didn't (= did not) say anything.
7 Were there any people alive?
8 Almost every country is interested in peace.
9 Not every scientist is smart.
10 Not all soccer players run fast.

Actual Test   p.59

1 Both of his parents are architects.
2 Every student in my school is good at English.

3 All female birds lay eggs.

4 Every teacher encourages her.

5 They didn't (= did not) have any money to buy rice.

6 Somebody entered the office without permission.

7 Each of them is responsible for the result.

8 I didn't (= did not) invite anybody to my house for my birthday.

9 Both of you have to wait for three hours.

10 Not every American is tall.

Review Test p.60

1 Is <u>love</u> more important than friendship?

2 There <u>are</u> <u>many</u> beans on the table.

3 There <u>are</u> <u>few</u> beans on the table.

4 There <u>is</u> <u>little</u> oil in the gas tank.

5 There <u>is</u> <u>a little</u> oil in the gas tank.

6 The <u>audience</u> in the theater <u>was</u> enthusiastic.

7 The <u>audience</u> in the theater <u>were</u> all adults.

8 They needed just three <u>sheets [pieces]</u> of paper to write the contract.

9 <u>Both</u> you and your friend Tony <u>have</u> to participate in the event.

10 Do you have <u>anything</u> to donate?

11 Every animal dies.

12 Each of the animals in the jungle wants to live.

13 All of the students are tall.

14 She sold every ticket for the concert.

15 Not every bird sings beautifully.

16 There is little fine dust in Seoul today.

17 Give me something to eat.

18 Happiness is not (= isn't) able to be measured.

19 Give him two pieces of pizza. (= Give two pieces of pizza to him.)

20 Not all puppies are cute.

Ready for Exams p.62

01 There were few trees in the park.

02 Every student likes the teacher.

03 Not all soccer players are fast.

04 The kid drinks three glasses of milk every day.

05 do you have any soft songs

06 (1) ⓑ, He doesn't have any money.

(2) ⓓ, Both you and he look busy today.

(3) ⓔ, There is a little water in the bottle.

Chapter 5

조동사, 비교 구문

UNIT 13 조동사

Simple Test p.64

1 <u>May [Can]</u> I <u>use</u> your car?

2 They <u>must be</u> diplomats.

3 You <u>had better</u> take a rest.

4 He <u>didn't have [need]</u> to scold his son.

Practice Test p.65

1 I would like to buy new sneakers.

2 Does he have to give up on the creative idea?

3 The news can't be (= cannot be) true.

4 The news must be true.

5 You don't need to buy them.

6 You had better not study over five hours a day.

7 I used to get up late on Saturdays.
(= I used to get up late every Saturday.)

8 You ought to buy something cool.

9 You must not (= mustn't) inform him of my plans.

10 Michael would always sit next to Jane on the school bus.

10

Actual Test
p.66

1 You had better take many pictures here.
2 It may be a meteorite.
3 You ought to return the book to the library.
4 They must be Italian.
5 They can't be (= cannot be) Italian.
6 He used to jog every morning from seven to eight.
7 You need not be responsible for the result.
8 May I delete the data in this folder?
9 I would like to earn lots of money.
10 You need to concentrate on this report.

UNIT 14 비교 구문

Simple Test
p.67

1 She is as attractive as the popular actor.
2 My room is not as [so] messy as your room.
3 He is the thinnest student in my school.

Practice Test
p.68

1 Jack is not (= isn't) so generous as John.
2 He studied as hard as possible.
3 The hotter it is, the more water people drink.
4 He is one of the greatest soccer players in the world.
5 Julie is the youngest of the three.
6 His head is twice bigger than hers (= her head).
7 The turtle moved as fast as it could.
8 Jeju Island is one of the most beautiful islands in the world.
9 We are getting older and older.
10 It is one of the funniest TV programs.

Actual Test
p.69

1 The subway is one of the fastest means of transportation.

2 The mole dug in the ground as deep as possible.
3 Our team is getting stronger and stronger as time passes by.
4 His bag was three times as big as her handbag.
5 Gimbap isn't (= is not) as [so] delicious as Sundae.
6 He was the best player on the team yesterday.
7 The most popular child in our town is Jimin.
8 The higher the bird flew, the farther it could see.
9 She wanted to go back home as soon as she could. (= She wanted to go back home as soon as possible.)
10 Pears are one of the most delicious fruits.

Review Test
p.70

1 He used to take a walk at seven every morning.
2 You had better open a bank account.
3 I would like to eat some delicious spaghetti.
4 You have to (= ought to) write in your diary every day.
5 She is getting thinner and thinner these days.
6 He wanted to see her as soon as possible.
7 Why do they have to wait for him?
8 The more you eat, the fatter you get.
9 You had better not go to the movies too often.
10 Canada is one of the most beautiful countries in the world.
11 I would like to learn French.
12 Playing the guitar is one of the most interesting hobbies.
13 She is twice as busy as I (am). (= She is twice as busy as me.)
14 Solomon was one of the wisest kings in the Bible.
15 John's company is one of the most trustworthy companies.

16 They must be professors.

17 They can't be (= cannot be) professors.

18 You need not miss the past.

19 He is not (= isn't) as [so] strong as my uncle.

20 He would go to the ballpark when he was bored. (= When he was bored, he would go to the ballpark.)

Ready for Exams   p.72

01 I would like to go to America right now.

02 The food was as delicious as chicken.

03 The harder you exercise, the healthier you will be.

04 You had better not stay up too late.

05 Finish your homework as quickly as possible.

06 (1) ⓑ, She doesn't have to report the task.

   (2) ⓒ, My homework is getting harder and harder.

   (3) ⓔ, He is one of the tallest students in his town.

Chapter **6**

현재완료

UNIT 15 현재완료의 형태와 용법

Simple Test   p.74

1 He <u>has</u> already <u>finished</u> his homework.

2 The baby <u>has cried</u> all morning.

3 He <u>has never</u> visited her.

Practice Test   p.75

1 She has visited Paris once.

2 Robert has lost his new bicycle.

3 He hasn't (= has not) sold his car yet.

4 Somebody has just opened the door.

5 Steve has been sick since yesterday.

6 Have you ever seen Alice in Seoul?

7 She has never played the guitar.

8 The painter has drawn three portraits since last week.

9 Have you made plans for summer vacation?

10 He hasn't (= has not) eaten anything since yesterday.

Actual Test   p.76

1 I have overcome this kind of crisis before.

2 How many customers has he met since last summer?

3 Haven't you finished your assignment yet?

4 The company has produced cars since 1928.

5 They have sold tofu at the traditional market for thirty years.

6 The apple has just fallen down from the tree.

7 I have been on vacation since last week.

8 He has lived in London for ten years.

9 My mom has prayed for me for thirteen years.

10 The fisherman has never seen a whale.

UNIT 16 주의해야 할 현재완료

Simple Test   p.77

1 My father <u>started</u> a business <u>last</u> year.

2 My father <u>has run</u> a business <u>since</u> last year.

3 He <u>has been</u> to the Arctic.

4 He <u>has gone</u> to the Arctic.

5 She <u>moved</u> to Incheon yesterday.

6 She <u>has</u> just <u>moved</u> to Incheon.

Practice Test
p.78

1 The five children visited a museum yesterday.
2 The five children have visited the museum before.
3 The rich merchant lost his car yesterday.
4 The rich merchant has lost his car.
5 They went to London last week for a concert. (= They went to London for a concert last week.)
6 They have gone to London for a concert.
7 Tom and Jerry met each other for the first time ten years ago.
8 Tom and Jerry have often met at Seoul Station since then.
9 I met her last summer.
10 I have met her often since last summer. (= I have often met her since last summer.)

Actual Test
p.79

1 Jack moved to Boston five years ago.
2 Jack has just moved to Boston.
3 I have never been to Dokdo.
4 I didn't (= did not) go to Dokdo last year.
5 I had a fever yesterday.
6 I have had a fever since yesterday.
7 The three handsome men have been Leo's friends for a long time.
8 Minho hasn't (= has not) had a girlfriend since last year.
9 Has he gone to China?
10 Have you ever been to Brazil before?

Review Test
p.80

1 Have you ever been to Canada before?
2 He has worked hard since the early morning.
3 She has gone to her hometown.
4 He has just finished his homework.
5 They went to Busan yesterday.
6 How long have you played the piano?
7 My uncle bought a new car last week.

8 I have never seen the president of Korea.
9 She hasn't ridden a bicycle yet.
10 He has exercised daily for over two years.
11 I have never betrayed you.
12 She has kept the old books since childhood.
13 Have you ever tasted Spanish food?
14 He has just finished his task.
15 David has always taught his students with love.
16 I have ridden a horse twice in Jeju Island.
17 He has lost his memory after a car accident.
18 He cast the actor ten years ago by chance.
19 Rachel has been to Africa several times.
20 Robin hasn't (= has not) gotten up yet.

Ready for Exams
p.82

01 She has met him before.
02 They have sold bread here for three years.
03 My grandmother has lived in Busan since 2020.
04 Have you ever been to Germany before?
05 I have not (= haven't) washed my car yet.
06 (1) ⓐ, I have been to Japan twice.
   (2) ⓑ, He left Seoul three days ago.
   (3) ⓔ, When did you teach those students?

Chapter **7**

수동태

UNIT **17** 수동태의 의미와 형태

Simple Test
p.84

1 He was born in 1990.
2 The tree was knocked over by the typhoon.

3 This book was <u>written</u> <u>by</u> my uncle.

4 <u>Was</u> the soldier <u>killed</u> by an enemy soldier?

Practice Test

p.85

1 My USB was stolen yesterday.

2 Her car is washed every weekend.

3 The will is written in English.

4 The thief was caught by a citizen.

5 Suddenly, the door was closed strongly.

6 This medicine should not be given to children.

7 *The Starry Night* was painted by Gogh.

8 Today's dinner will be prepared by the chef.

9 Korea was occupied by Japan for thirty-six years.

10 The Bible is known and read all over the world.

Actual Test

p.86

1 By how many people was this song sung?

2 The road will not (= won't) be seen clearly.

3 This record will never be broken.

4 Many stars are seen here at night.

5 How many articles were written by the journalist?

6 By who(m) was the machine created?

7 Was this computer attacked by a virus?

8 Today's class was canceled [cancelled].

9 Ten minutes were given to him to finish the assignment.

10 Selfish behavior isn't (= is not) allowed on our team.

UNIT 18 수동태의 여러 가지 형태

Simple Test

p.87

1 He <u>was</u> filled <u>with</u> confidence.

2 The teacher <u>was</u> <u>satisfied</u> with Teddy's answer.

3 She <u>was</u> <u>disappointed</u> <u>with</u> the quality of food.

Practice Test

p.88

1 The clown was laughed at by several people.

2 He wasn't (= was not) satisfied with the result.

3 New shoes were gotten for me by Dad.

4 The game was put off because of the rain.

5 The baby's room was filled with many balloons.

6 Are you satisfied with the prize?

7 Ben and Jolly are happily married to each other.

8 Taj Mahal is known as the symbol of eternal love.

9 They were very surprised at the news.

10 We were pleased with her recovery.

Actual Test

p.89

1 Was the umbrella given to her?

2 This mailbox is made of wood.

3 My grandmother is still worried about me.

4 The TV was turned off because of the blackout.

5 The singer was known to the public through an audition program.

6 The old city was covered with fog.

7 The plan will be carried out by them tomorrow morning.

8 The lost key was looked for everywhere by me.

9 Is she disappointed with his grade?

10 He is interested in memorizing the names of soccer players.

Review Test

p.90

1 Jack <u>was</u> <u>loved</u> <u>by</u> his grandmother very much.

2 She <u>was</u> <u>married</u> <u>to</u> a millionaire.

3 K-pop <u>is</u> <u>sung</u> <u>by</u> many people in the world.

4 <u>Was</u> the invitation <u>sent</u> <u>by</u> your friend?

5 Bread is <u>made</u> <u>of</u> flour.

6 Nobody <u>was</u> <u>hurt</u> <u>by</u> the earthquake.

7 The ball <u>was</u> <u>thrown</u> strongly <u>by</u> the player.

8 Twenty-three soccer players <u>were</u> <u>called</u> <u>up</u> <u>by</u> the coach.

9 <u>Is</u> he <u>interested</u> <u>in</u> fishing?

10 That building <u>will</u> <u>be</u> <u>completed</u> by our company next year.

11 This treasure can't (= cannot) be discovered easily.

12 The Earth may be attacked by aliens.

13 The shoes are not made of leather.

14 The top of the mountain is covered with snow.

15 By whom was the song composed?

16 A tablet PC was given to every freshman. (= Every freshman was given a tablet PC.)

17 Was your computer turned off by your dad?

18 Alexander was married to Rachel.

19 The program was loved by many people.

20 Fish cannot be (= can't be) seen in this dirty pond.

Ready for Exams
p.92

01 This comic book was written by my uncle.

02 The girl is interested in collecting cute dolls.

03 This difficult project should be completed by the committee.

04 They were disappointed with his attitude.

05 It will be sold by someone tomorrow.

06 (1) ⓑ, By whom was the book written? 또는 Who was the book written by?

(2) ⓒ, I am worried about the test score.

(3) ⓔ, The stadium is filled with a lot of people.

Chapter **8**

관계대명사

19 관계대명사의 종류

Simple Test
p.94

1 I want to marry a person <u>who [that]</u> <u>is</u> diligent.

2 I saw a boy <u>who [that]</u> <u>was</u> playing in the park.

3 That is my puppy <u>which [that]</u> <u>is</u> <u>sitting</u> on Terry's lap.

Practice Test
p.95

1 I know a boy who [that] is from South Africa.

2 We bought a used car which [that] was in good condition yesterday.

3 My uncle is a mechanic who [that] fixes big buses.

4 Edmund Hillary was the first person that conquered the Mt. Everest.

5 This is what I want.

6 I met the man who [that] wrote a lot of famous novels.

7 Nathan bought me a bicycle [bike] which [that] is very strong. (= Nathan bought a bicycle [bike] which [that] is very strong for me.)

8 I have a friend who [that] lives in Toronto.

9 The man who [that] likes me is a basketball player.

10 This is the fastest train that goes to Busan.

Actual Test
p.96

1 I have a bicycle [bike], which is old.

2 She met James, who took her to the party.

3 I know what you did last summer.

4 He bought me flowers which [that] smelled good.

5 The man who [that] called me was Japanese.

6 I don't like the man who likes one of my friends.

7   I bought two pairs of shoes, which were both black (= both of which were black).

8   He found in the factory the documents which [that] were very important.

9   Is this the man who [that] is interested in rock collecting?

10 I have a parrot which [that] can't talk.

UNIT 20 관계대명사의 목적격과 소유격

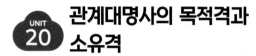

Simple Test
p.97

1   I met Abdullah whose father is an oil baron.
2   I met the girl who(m) Jim introduced to me.
3   This is the house in which I live.
4   He prefers rooms whose walls are green.

Practice Test
p.98

1   I can't (= cannot) forget the city whose scenery was so beautiful.

2   It is the company (which [that]) I applied for last year. (= It is the company for which I applied last year.)

3   Heungbu looked after the swallow whose leg was broken.

4   She wrote a letter to all her fans that love her music.

5   He was the very cook (that) I saw in the restaurant yesterday.

6   This is the game in which I am interested. (= This is the game (which) I am interested in.)

7   This is the building (which [that]) they built.

8   These are the materials (which [that]) you are looking for. (= These are the materials for which you are looking.)

9   The man (who(m) [that]) I liked was a volleyball player.

10 This is the fastest train (that) I have ever ridden.

Actual Test
p.99

1   This is the fish of which I am fond. (= This is the fish (which [that]) I am fond of.)

2   That is the window (which [that]) he broke yesterday.

3   The book (which [that]) you recommended to me yesterday is really boring.

4   Thank you for the opportunity (which [that]) you gave me.

5   The tree whose shade is big makes me happy.

6   The product (which [that]) the company produced is popular.

7   Wallpaper whose color is dull is not my style.

8   The gas tank whose smell is bad seems very dangerous.

9   The risks (which [that]) they had to overcome were great.

10 Throw away all the old stuff (that) you have kept for so long(= for a long time).

Review Test
p.100

1   Chicken is the only meat that she eats.
2   The couple whose kids are twins look very happy.
3   I want to know what you bought yesterday at the market.
4   I enjoy singing with Sally whose voice is very soft.
5   I saw a monkey which [that] was climbing a tree.
6   His smartphone which [that] many people envied has disappeared.
7   The actor whose contract has just ended is looking for another company.
8   He has two dogs, which are very big.
9   Is that man who [that] is smiling your uncle?
10 I'm going to meet a woman whose name is Ella.
11 The restaurant (which [that]) I used to go to was very cozy. (= The restaurant to which I used to go was very cozy.)

12 Anything (that) you know can be a clue.

13 The man (who(m) [that]) you met in Russia was a spy.

14 The shirt whose size is L is mine.

15 This is the nurse who [that] looks after many (= a lot of = lots of) poor people.

16 The truck whose color is blue is Mr. Brown's.

17 Did you hear anything (that is) important?

18 This is the place (which [that]) I was looking for. (= This is the place for which I was looking.)

19 The boy whose father is a famous soccer player is poor at playing soccer.

20 The man (who(m) [that]) I hired was idle.

Ready for Exams   p.102

01 I know that boy who is sitting on the bench.

02 He lost the watch whose price is very expensive.

03 The tree which is very old should be protected.

04 The actor whom they liked will come back soon.

05 This is my house which I bought last year.

06 (1) ⓐ, Tell me what you know.

　　(2) ⓒ, Look at the man who [that] stands on the street.

　　(3) ⓔ, Do you see a woman and a dog that are jogging in the park?

Chapter 9

접속사

UNIT 21 명사절을 이끄는 접속사, 상관접속사

Simple Test   p.104

1 That he cooks dinner tonight is unusual.

2 Tell me whether [if] you will come or not.

3 Both you and I are students.

4 This is neither a comedy nor a drama.

Practice Test   p.105

1 That the book is written in English is interesting. (= It is interesting that the book is written in English.)

2 He likes not only basketball but (also) volleyball. (= He likes volleyball as well as basketball.)

3 Do you think (that) he has to buy a new car?

4 I asked if [whether] he would come or not.

5 I neither smoke nor drink.

6 That he has spent all of the money is shocking. (= It is shocking that he has spent all of the money.)

7 Either Paul or I have to get a kettle.

8 His strength is that he loves children.

9 He is good at playing not only soccer but (also) baseball. (= He is good at playing baseball as well as soccer.)

10 The problem is not math but English.

Actual Test   p.106

1 That she is from North Korea is true. (= It is true that she is from North Korea.)

2 I think (that) there are too many coffee shops in Korea.

3 Not you but he has to operate on this patient.

4 I wonder if [whether] she likes me (or not).

5 Not only I but (also) she was satisfied with the result. (= She as well as I was satisfied with the result.)

6 Both Jane and Philip have to follow their mother's decision.

7 Cooking is not only fun but (also) educational for children.

8 The answer is not A but B.

9 That he is honest is well known. (= It is well known that he is honest.)

10 Either you or Kevin has to feed the cat.

UNIT 22 부사절을 이끄는 종속접속사

Simple Test
p.107

1 When I was young, I was short.

2 If you exercise every day, you can lose some weight.

3 Even if it rains, we will play soccer.

4 Because [Since, As] she caught a cold, she didn't go to school.

Practice Test
p.108

1 She usually stays inside when it rains.
(= When it rains, she usually stays inside.)

2 I won't go to bed before my dad comes.
(= Before my dad comes, I won't go to bed.)

3 He isn't happy though [although, even though] he is rich. (= Though [Although, Even though] he is rich, he isn't happy.)

4 She couldn't go abroad because [as, since] she didn't have money. (= Because [As, Since] she didn't have money, she couldn't go abroad.)

5 If there is any problem, I will resolve it.
(= I will resolve it if there is any problem.)

6 He helped his friends though [although, even though] he was busy.
(= Though [Although, Even though] he was busy, he helped his friends.)

7 I will forgive him if he regrets his sin.
(= If he regrets his sin, I will forgive him.)

8 You have to brush your teeth after you eat something sweet. (= After you eat something sweet, you have to brush your teeth.)

9 She achieved many things though [although, even though] she was blind.

(= Though [Although, Even though] she was blind, she achieved many things.)

10 We won't go on a picnic if it rains tomorrow. (= If it rains tomorrow, we won't go on a picnic.)

Actual Test
p.109

1 I did my homework as soon as I came home. (= As soon as I came home, I did my homework.)

2 Cindy lived in Japan when she was four years old. (= When Cindy was four years old, she lived in Japan.)

3 Many things occurred while you were sleeping. (= While you were sleeping, many things occurred.)

4 I entered the convenience store because [as, since] I was so hungry. (= Because [As, Since] I was so hungry, I entered the convenience store.)

5 I will wait for you here until you come.

6 They help other poor people although [though, even though] they are poor.
(= Although [Though, Even though] they are poor, they help other poor people.)

7 I won't leave here unless you have dinner with me. (= Unless you have dinner with me, I won't leave here.)

8 I will go skiing if it snows tomorrow. (= If it snows tomorrow, I will go skiing.)

9 Many Irish people emigrated to the United States because [as, since] there was the Potato Famine. (= Because [As, Since] there was the Potato Famine, many Irish people emigrated to the United States.)

10 I was late for the meeting because [as, since] there was a traffic jam. (= Because [As, Since] there was a traffic jam, I was late for the meeting.)

1 <u>Unless</u> you wear a coat, you <u>will</u> catch a cold.
2 <u>Not</u> <u>only</u> William <u>but</u> <u>also</u> his brothers <u>are</u> figure skaters.
3 I will go west <u>if</u> <u>you</u> go east.
4 <u>When</u> [<u>If</u>] she <u>calls</u> me, I will leave here.
5 <u>Because</u> <u>he</u> has to support his family, he can't stop working.
6 His problem was <u>not</u> his circumstances <u>but</u> his mental attitude.
7 The company hired <u>neither</u> my friend <u>nor</u> me.
8 <u>Even</u> <u>though</u> the weather was terrible, the firefighters <u>worked</u> hard.
9 <u>As</u> <u>soon</u> <u>as</u> she entered the classroom, every male student shouted for joy.
10 <u>That</u> <u>he</u> <u>is</u> a wonderful detective <u>is</u> well known.
11 He will move to a quiet town in the countryside after he retires.
12 Either you or your brother has to wash this car today.
13 If she studies hard, she will pass the exam. (= She will pass the exam if she studies hard.)
14 I will make you happy even though [though, although] I don't have enough money now. (= Even though [Though, Although] I don't have enough money now, I will make you happy.)
15 He is not only a good actor but (also) a good advertising model. (= He is a good advertising model as well as a good actor.)
16 That the movie is very popular abroad is true.(= It is true that the movie is very popular abroad.)
17 Many students were looking at their smartphones secretly while he was teaching math. (= While he was teaching math, many students were looking at their smartphones secretly.)
18 His weak point at the workplace is that he doesn't know computers well.
19 Nobody knows if [whether] he can climb the high mountain (or not).

20 Not only you but (also) Daren was at the concert hall. (= Daren as well as you was at the concert hall.)

01 Both you and I have to arrive there on time.
02 That a few students didn't do their homework is true.
03 She bought a new car although she was little money.
04 Since it was very hot yesterday, they stayed at home.
05 If she calls me, I will show her around Seoul. (= I will show her around Seoul if she calls me.)
06 (1) ⓐ, It is true that she is a dentist.
   (2) ⓑ, Not only she but also you are tired.
   (3) ⓓ, I don't know if [whether] she is older than me (or not). 또는 I don't know whether (or not) she is older than me.

1 My boss told <u>me</u> <u>to</u> go to Daejeon.
2 The judges <u>let</u> her <u>play</u> the <u>piano</u> on the stage.
3 <u>Has</u> James ever <u>been</u> to Egypt?
4 You <u>look</u> tired. You <u>had</u> <u>better</u> go home.
5 There <u>is</u> <u>little</u> fuel in my car, so I <u>would</u> like <u>to</u> use your car.
6 Every <u>room</u> <u>was</u> filled <u>with</u> invited people.
7 This is the <u>fastest</u> car <u>that</u> I have ever seen.
8 I met Steve <u>whose</u> father <u>is</u> a movie director.
9 That looks like the backpack <u>which</u> [<u>that</u>] I <u>left</u> on the bus.
10 This machine <u>can</u> <u>be</u> <u>used</u> by many people.
11 She <u>bought</u> delicious pizza <u>for</u> me.
12 I will get <u>him</u> <u>to</u> <u>eat</u> a cheese cake.
13 <u>It</u> is not easy <u>for</u> me <u>to</u> solve math questions.
14 She got up early <u>in</u> order <u>not</u> to be late for school.

19

15 He is looking <u>forward</u> <u>to</u> <u>buying</u> his own house.
16 He <u>lost</u> his wallet in Daegu two <u>years</u> <u>ago</u>.
17 You <u>had</u> <u>better</u> exercise every day.
18 Smartphones <u>are</u> <u>used</u> <u>by</u> most teenagers.
19 She is <u>worried</u> <u>about</u> her mom's health.
20 He <u>is</u> <u>known</u> <u>as</u> a man of loyalty.

Final Test 2   p.116

1 Not only Michael but (also) Joseph is a good student. (= Joseph as well as Michael is a good student.)
2 Mom cooked delicious spaghetti for us.
3 They couldn't buy anything because [as, since] they didn't have any money.
(= Because [As, Since] they didn't have any money, they couldn't buy anything.)
4 I have many (= a lot of = lots of) friends to play with.
5 We were satisfied with how we played though [although, even though] our team lost the game. (= Though [Although, Even though] our team lost the game, we were satisfied with how we played.
6 If he goes out into the street, many people will gather around him. (= Many people will gather around him if he goes out into the street.)
7 They are interested in finding homes for abandoned pet dogs.
8 It is pleasant for us to spend time with them.
9 I will feel better if he writes me an apology letter. (= If he writes me an apology letter, I will feel better. = I will feel better if he writes an apology letter to me. = If he writes an apology letter to me, I will feel better.)
10 What I want to eat now is steak.
11 His hometown is not Gwangju but Jeonju.
12 It is very hard for her to throw the big stone.
13 He couldn't find her house because [as, since] he didn't know her address.
(= Because [As, Since] he didn't know her address, he couldn't find her house.)
14 My uncle gave two movie tickets to my younger brother. (= My uncle gave my younger brother two movie tickets.)
15 Inventing new robots makes him excited.
16 She ran a big company though [although, even though] she was young.
(= Though [Although, Even though] she was young, she ran a big company.)
17 You will miss the first bus unless you get up early. (= Unless you get up early, you will miss the first bus.)
18 You must wear a life jacket in the sea.
19 You'd better (= had better) not eat too much at night.
20 It is very important to study English every day.

제대로
영작문
3